. Die Invasion der Euzeriten · 8. Laßt Schurken sprechen! · 9. Die Rache des Dr. Ohropax · 10. C.S.U. = Chimärische Söldner des Unheils · 11. Die Genschmemme · 12. Der
HMAN gegen das böse Kleeblatt · 19. Das Ohr des Verderbens · 20. Der Whiskyminister · 21. Heute schon die Partei von morgen · 22. Es war einmal der WAIGEL · 23. Der Mann, den
r · 29. Der Klang des Helden · 30. Minister weinen heimlich · 31. GENSCHMANs Hintermänner · 32. Die große 5%-Panik · 33. GENSCHMAN gegen das Cystilon-Monster · 34. Der Kaiser
41. Die Welt ist Klang · 42. Das Geheimnis der Gardol-Partei · 43. GENSCHBABYs erste Koalition · 44. Das Fluidum der Macht · 45. Ha… gen
Herz · 52. Das Geheimnis der freien Marktwirtschaft · 53. Das Stimmvieh der KRÖTE · 54. Die Qual der Wahl · 55. GENSCHMANs bla…
alias GENSCHMAN · 63. MÖLLEMAN und die Frisur des Verbrechens · 64. GENSCHMANs mächtige Mehrheit · 65. BANGEMAN – Zauber…
tans · 73. Gensch… Genscher… GENSCHMAN · 74. GENSCHFIX dreht durch! · 75. Der Antrag der Vorsehung · 76. Die Geschichte der… er
AN · 84. Geheimagentin Anne Basak · 85. PROTHESE, Buchhalter des Grauens · 86. Bahn frei, hier kommt GENSCHMAN · 87. GENSC…
raucht der Mensch Musik · 94. Ach Du bist's, SCHNAUZE · 95. GENSCHMAN geht an Land · 96. Ehrlich nervt am längsten · 97. Feuer frei… le
- Jetzt wende ich · 114. MÖLLEMAN kauft ein Gehirn · 115. BABS greift ein · 116. GENSCHMAN und das Rätsel der negativen Sonnenbrille… er
SCHNICK : PROTHESE = Mord? · 124. QUOTENWOMAN und die Liebe · 125. Der GENSCHMAN-Shuffle · 126. GENSCHMAN – im Rhythmus… N-
cht! · 133. Die Stußpiraten des Liberalismus · 134. Der Megalumpen-Marathon · 135. MÖLLEMAN, der Junge mit dem Schnurrbart · 136. Das Normenkontrollmonster · 137. Der Mann,
43. Die Verfassung ist kein Kartenspiel! · 144. Die KRÖTENKLINIK · 145. Der müde Minister · 146. Nachts, wenn der WAIGEL kam · 147. Die Quote der Frauen · 148. Revolver diskutieren
tstand · 154. Bei Vollmond Volksentscheid! · 155. Die Beschwörung der KRÖTE · 156. Die Fratze des FISKUS · 157. Nachtmahre im Ministerium · 158. Die Besessenen von Bad Breisig ·
del der Macht · 165. Ein Liberaler wider Willen · 166. Der Foltergarten in Vilshofen · 167. Das Bildnis des Jürgen Möllemann · 168. Der Planet des WAIGEL · 169. Regieren bis das
enfabrik · 175. Das Blut des Ministers · 176. Der WAIGEL schleicht durch die Nacht · 177. GENSCHMAN und die Braut der KRÖTE · 178. Der Fürst der Megabestien · 179. Der brennende
KRÖTE · 186. Das Geheimnis des Koalitionsrätsels · 187. Lebendig gewählt! · 188. WAIGEL wünscht keine Zeugen! · 189. Ein Liberaler auf Urlaub · 190. GENSCHMAN im Zirkus der
n noch! · 196. Das Staatsrecht des Stärkeren · 197. GENSCHMAN gegen den Bestecher · 198. Der Triumph des TANDLER · 199. Der letzte GENSCHMAN · 200. Liberale, Tod und Teufel ·
Erlaß der Angst · 207. GENSCHMAN – Rächer des Guten · 208. Die Aasgeier des Äußersten · 209. GENSCHMAN – Sohn des SCHEEL · 210. Der Wahlkampf der Giganten · 211. WAIGELs
Die Dinosaurier der Demokratie · 218. Das alte, finstere Parlament · 219. Die Maske des WAIGEL · 220. Amazonen der absoluten Mehrheit · 221. Der Anti-GENSCHMAN · 222. KRÖTE –
orene Kontinent · 228. Mit 1000 Volt über die 5%-Hürde · 229. Der Aufstand der Reaktionäre · 230. Das Doppelleben des Herrn Genscher · 231. Aus der Fraktion der Toten · 232. Die
237. Da lacht das Schlitzohr! · 238. Der Machtverlust im Urwald · 239. Die Bannmeile des WAIGEL · 240. Der Dieb von Bonn · 241. GENSCHMAN sieht die Maske des NIEGEL ·
HMAN im Inferno der Regierung · 248. GENSCHMAN trinkt die Elixiere der KRÖTE! · 249. Der Fluch der grünen Akten · 250. Das Lustschloß der KRÖTE · 251. GENSCHMAN im Schatten
der Exorzist der Exekutive · 257. Die Phänomenologie des WAIGEL · 258. Ein Lump wie jeder andere · 259. GENSCHMAN im Amt des Grauens · 260. Die 13 Wähler der F.D.P. ·
ohn des WAIGEL · 266. Die Ungeheuer der KRÖTE · 267. Hunger der Mehrheit · 268. Durst der Mehrheit · 269. Die satte Mehrheit · 270. GENSCHMAN zerschlägt den Koalitionsknoten ·
Ausschuß · 277. GENSCHMAN, der Golem des Rechts · 278. C.S.U., der Ausschuß der Menschheit · 279. Das Geheimnis des alten Dienstwegs · 280. GENSCHMAN in der Unterwelt ·
kompetenz · 286. WAIGEL – Immunität des Bösen · 287. GENSCHMAN sucht das Amt des Schreckens · 288. GENSCHMAN im Zwang der Fraktion · 289. Zweite Lesung in der Gruft! ·
der Großindustrie · 296. GENSCHMAN und die fünf Waisen · 297. Hans-Dietrich Däumling · 298. Die Vertrauensfrage um Mitternacht · 299. Der Rechtsirrtum aus dem Totenreich ·
ter der steinernen Monster · 305. GENSCHMAN am Grab der Koalition · 306. Graf TANDLER – Genie des Bösen · 307. Die zauberhafte Partei · 308. Amt der Rache, Amt des Zorns ·
erichtswesens · 313. Gesetzentwurf aus dem Dunkel · 314. Auf Befehl des SCHEEL · 315. MÖLLEMAN in den Fängen des Hochschulwesens · 316. Die Grotte der vergessenen Versprechen ·
Rechtswidrigkeiten auf dem Geisterhügel · 323. GENSCHMANs Rügen · 324. Im Dienst der KRÖTE · 325. Die Nacht des ruhenden Mandats · 326. Mondo liberale · 327. WAIGEL –
332. GENSCHMAN in der Hexenküche des Völkerrechts · 333. Das liberale Grabmahl · 334. Politik ist ein schmutziges Geschäft! · 335. Ich folgte einem Liberalen · 336. GENSCHMAN
. Möllemännchens Wachparade · 342. GENSCHMAN ist der Viertelbeatle · 343. GENSCHMAN hört das Kleingedruckte · 344. Vertrag ist Vertrag · 345. Hausarrest für Superhelden ·
Der SICHTBARE entdeckt die Liebe · 351. Superkräfte auf Rezept · 352. SCHEEL muß sterben · 353. GENSCHMANs irre Zeitreise · 354. Messiasjagd in Bethlehem · 355. Gott vergibt –
360. GENSCHMOBIL auf großer Fahrt · 361. GENSCHMAN und das Geheimnis des angesägten Balkons · 362. Hilfe, die Schwiegermutter kommt · 363. Gehirnakrobat MÖLLEMAN ·
Schlaraffenland · 369. Auf Rassistenhatz in Bimbonien · 370. Der MÖLLEMAN-Sperrvertrag · 371. BANGEMAN und die Kantine am Rande des Universums · 372. Im Geräteraum der
. Der SICHTBARE verschwindet · 379. Kein Schlaf vor Gürzenich · 380. Der WAIGEL läßt das Morden nicht · 381. Gerechtigkeit in kleinen Scheinen · 382. Die Opportunisten in der
dem irren Blick · 387. Außer Thesen nix gewesen · 388. Sexgangster GENSCHMAN · 389. KARTOFFEL und das TODESMENÜ der tausend Gänge · 390. Wann platzt BANGEMAN? ·
· 395. Kleiner GNOM ganz groß · 396. Geh duschen, GENSCHMAN · 397. Der Mann, der zuviel hörte · 398. GENSCHMAN macht sich einen Spaß · 399. Zechpreller BANGEMAN ·
Todesschrei des Alfons Goppel · 405. RIESENHUBER und der Protonenbeschleuniger des Satans · 406. WAIGEL – die grauenvolle Eminenz · 407. Wer heißt hier eigentlich TANDLER? ·
. MÖLLEMAN und die Tandemklinge des Verderbens · 412. Kühlschrank zu – KARTOFFEL kommt · 413. GENSCHMAN und die tödlichen LABERSTRAHLEN · 414. Bestie WAIGEL ·
sam · 419. Die Nöte der KRÖTE · 420. Weiber, WAIGEL, Waisenknaben · 421. TANDLER und die dämonischen Zechkumpane · 422. Der geklonte Kardinal · 423. Ein GENSCHMOBIL
Dr. Kühlmann-Stumm · 428. Liebling, ich habe die Partei geschrumpft! · 429. GENSCHMANs Goldene Galaxis · 430. Der GENSCHMAN-Report · 431. GENSCHMAN jagt Mister X ·
ünstler namens SCHEEL · 437. Das Blutgericht der Liberalen · 438. Mach dein Testament, GENSCHMAN! · 439. Der Ohrenarzt des Grauens · 440. Lamas, Legos, Liberale! ·
onn · 446. KATHETERMAN blickt nicht mehr durch · 447. Nackt und liberal · 448. Die Liebesdroge des Dr. Kühlmann-Stumm · 449. Das Ende des MENDE · 450. Komm wieder,
· 455. The last Schmaltz · 456. SCHNAUZE, SCHNAUZE, noch einmal · 457. Die Stadt der Brauen · 458. Das hessische Laubsägen-Massaker · 459. SCHNAUZE dreht durch ·
. HAUSSMAN – Frankensteins Sohn? · 466. Aus dem Tagebuch eines GNOMs · 467. Hörgeräteverleih GENSCHMAN · 468. MÖLLEMAN backt kleine Brötchen · 469. GENSCHMAN
gagelumpe · 475. Der Abstiegskampf der GERECHTIGKEITSLIGA · 476. Hundesteuer für den WAIGEL · 477. TANDLER – Vieh oder Bestie? · 478. WAIGEL schenkt sich eine Torte ·
5. Träum süß, MÖLLEMAN! · 486. GENSCHMAN und der Gottesbeweis des TANDLER · 487. WAIGEL jagt den Sohn des STREIBL · 488. BANGEMAN und das Pausenbrot der 7 Vorteile ·
MERMAN · 493. GENSCHMAN – unterwegs mit Bus und Bahn · 494. Abenteuer in Tarifzone 3 · 495. Old Schwurhand · 496. WAIGEL – Klempner des Todes · 497. TANDLER –
KRÖTE · 503. Zu heiß gebadet · 504. Endstation Herrschsucht · 505. KARTOFFEL schafft den Nachtisch nicht · 506. Maskenball im Ministerium · 507. Das GENSCHMOBIL wird
12. Mach's noch einmal, GENSCHMAN · 513. Ganz intim im C.S.U. · 514. Männer, Möpse und Mutanten · 515. Willkommen im CLUB · 516. Blutjunge Hausfrauen greifen an ·
oph des Verbrechens · 522. ADORNO oder Adonis? · 523. Die hundert Koffer des SCHALCK-GOLODKOWSKI · 524. Das Geheimnis von Ossis Bar · 525. BANGEMAN ißt à la carte ·
den KRÖTE · 530. Ab morgen kein Fleisch mehr, KARTOFFEL! · 531. Die tausend Augen der KARTOFFEL · 532. KRÖTE sehen und sterben · 533. MAKLER, zerhackt und zerstückelt ·
n die Wähler · 539. Hier kommt Barschel, der AQUAMAN · 540. Was heißt denn hier Gerechtigkeit? · 541. Heiße Fracht für GENSCHMAN · 542. Hände weg von QUOTENWOMAN ·
brennt · 547. Zwei Liberale wollen's wissen · 548. Der Fluch des Thomas Dehler · 549. MODROW, das Ding aus dem Sumpf · 550. Heiße Spiele im CLUB DER SUPERHELDEN ·
WISCHS letzte Runde · 556. GENSCHMANs letztes Aufgebot · 557. PILLERWOMAN – die liberale Mata Hari · 558. BANGEMAN vs die Knödelarmee aus dem All · 559. Sauhaufen
ei BANGEMANs · 564. Die, die durchs Bundeshaus gehen · 565. Der MENDE und die Mind-Guerrilla · 566. Stille Tage in Bad Godesberg · 567. Die sieben Leiden der Liberalen ·
odes · 573. Die Feder des Dr. Eversharp · 574. Aspros in Bonn · 575. Der Mann mit dem Nadelöhr · 576. Die Wiege der KRÖTE · 577. Das GENSCHTABU · 578. Zombieminister
pel-Genschers · 583. Mein wunderbarer Quatschsalon · 584. Im Wendekreis der KRÖTE · 585. GENSCHMAN über alles! · 586. Das dritte Ohr · 587. Die glorreiche Koalition ·
hau der KRÖTE · 594. Die Rückkehr der glorreichen Koalition · 595. Watschen für den WAIGEL · 596. Achtung! C.S.U.-Zone! · 597. Die Freunde der Freiheit · 598. Der Schrecken
desfraktion · 604. Die Vorstadt des Hasses · 605. WAIGELS wütender Wahn · 606. Die Hinterbänkler des Teufels · 607. Der Kriegstanz der KRÖTE · 608. WAIGELs faschistischer
MAN auf dem Dach der Welt · 614. Arriba GENSCHMAN! · 615. Der grausame Gewerbetreibende · 616. Und ewig quakt die KRÖTE · 617. Verbrechen aus Langeweile · 618. Jetzt
· 623. BANGEMAN und die Frankenstubb des Verderbens · 624. Eiskalte Demokraten auf heißer Spur · 625. Alle wollen in den CLUB · 626. GENSCHMAN, Gefangener der Lust ·
ÖTE – Als Bananenzüchter auf Ananaska · 633. Sie hier, WAIGEL? · 634. Todenhöfer bringt den Stoff · 635. Bonn, Hauptstadt der Dummheit · 636. MÖLLEMANIA · 637. Das
eimlichen Kontobewegung · 642. GENSCHMAN tanzt die Schurkenpolka · 643. Der MENDE bringt die Wende · 644. PROTHESE wagt den Quantensprung · 645. Die ohrale Phase ·
Krieger KATHETERMAN · 651. Genschers Geranien sind kugelsicher · 652. WAIGELs Böse Buben Bande · 653. SCHNAUZE – Auf der Jagd nach dem Zeitgeiz · 654. Bitte hier
ehördenweg des Grauens · 660. Auf Wiedersehen, SCHNAUZE! · 661. Der SICHTBARE blickt nicht mehr durch · 662. KATHETERMAN irrt sich gewaltig · 663. Die GERECHTIGKEITSLIGA
mehr zusammen · 668. Teufelskerl Todenhöfer · 669. Hurra, GENSCHMAN läßt es schneien! · 670. TANDLERS TODESFUGE · 671. KRÖTE brät sich einen Storch · 672. Das süße
ÖLLEMAN und der verflixte Dienstleistungsdonnerstag · 678. GENSCHMAN hier – GENSCHMAN da · 679. Bigamist BANGEMAN · 680. SUDELEDE schlägt zurück · 681. GENSCHMAN
· 686. Das Geheimnis der verschwundenen Kochwäsche · 687. Killermedizin · 688. Die Kinder der KRÖTE · 689. Immer Ärger mit der KRÖTE · 690. GENSCHMAN gegen
Skateboard ins Nichts · 696. Ich, KRÖTE und Gott · 697. Wer Ohren hat zu hören, der höre · 698. BABS im Zwielicht · 699. Der Superheld mit den zwei Gehirnen · 700. Jung und
en Toten · 706. GENSCHMAN oder wie ich lernte, den SICHTBAREN zu lieben · 707. Das unsagbar Gemeine · 708. Horror liberal · 709. Ich folgte BANGEMAN · 710. Die letzte
igkeit · 715. Megahölle Marktwirtschaft · 716. Einmal STUDENTENPLANET und zurück · 717. Hier spricht Radio TANDLER · 718. Jedes Teil für 99 Pfennig · 719. Beim nächsten
bst, du hast'n, springt WAIGEL aus dem Kasten · 724. HUSSI übernimmt Ossis Bar · 725. Wohltätigkeitsbasar im C.S.U. · 726. Himmel, Hölle und Proleten · 727. Katzen würden
Sie wollen STUDENTEN sein · 733. Wüstenfuchs WAIGEL · 734. Ohrenärzte hören dich an · 735. Bei GENSCHMANs bleibt die Küche kalt · 736. Ein Herz für WAIGEL · 737. Pipifax
ERMOPS · 743. Die Musterung des UNSICHTBAREN · 744. Hilf dir selbst, GENSCHMAN · 745. Generalamnestie für CLUBMITGLIEDER · 746. Ministerkiller MÖLLEMAN · 747. GÄHN,
LLERMAN · 753. GENSCHMAN darf nicht sterben · 754. GENSCHMAN gegen die ZONENZOMBIES · 755. MÖLLEMANs Aufnahmeprüfung · 756. Der Stoff, aus dem die Superhelden
all im All · 761. Der ILLIESCU-Clubü schlägt zurück · 762. Lob und Preis dem Brettlboy · 763. Der dämonische Minister des Finanziellsten · 764. Willkommen in GENSCHWORLD!

Achim Greser
Christian Schmidt
Hans Zippert
unter Mitarbeit von Christian Storms

GENSCHMAN

Ein deutsches Superheldenschicksal

ELE FANTEN PRESS

Wir schreiben das Jahr 2017…

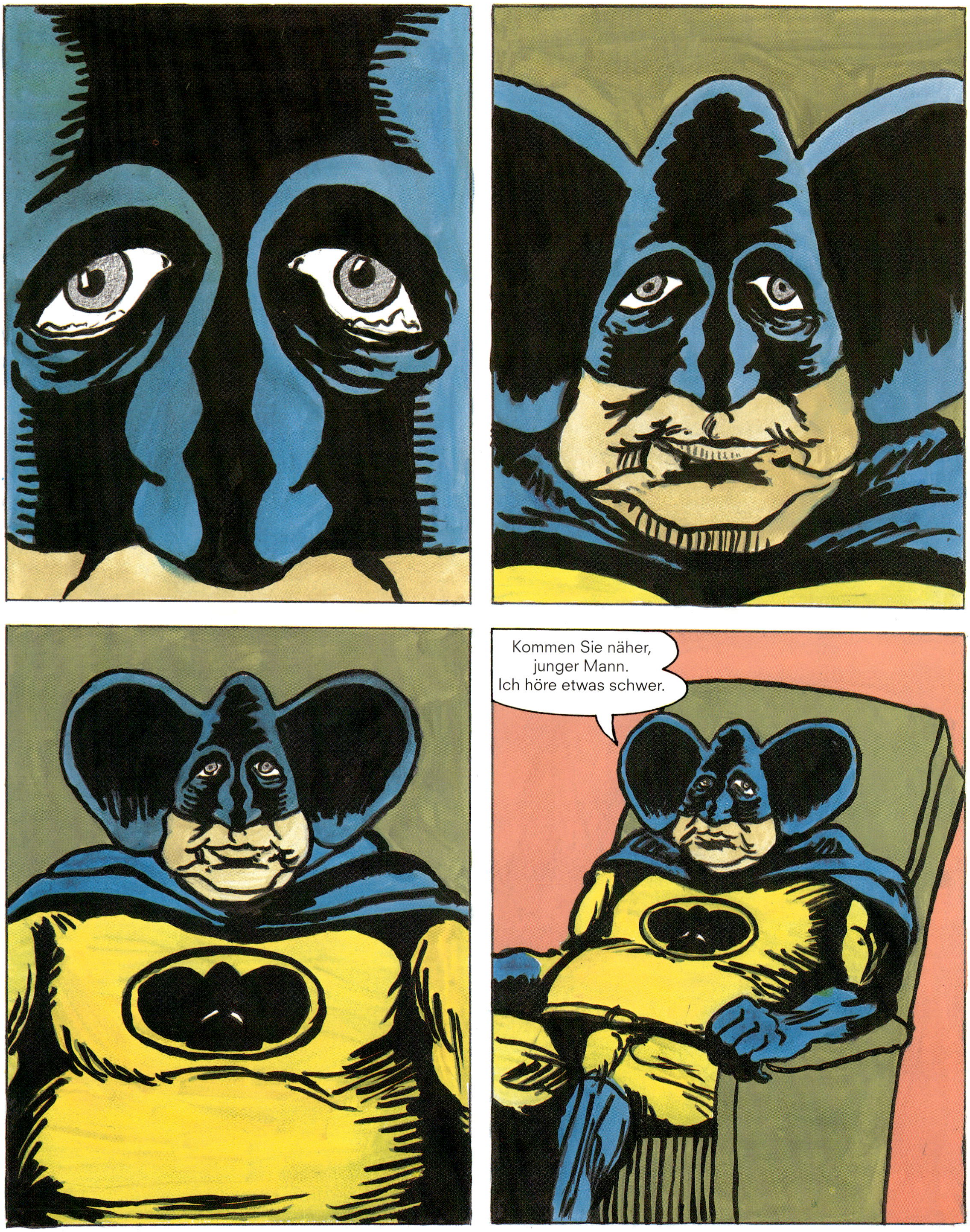

Ein Mann feiert heute in aller Stille seinen 90. Geburtstag. Doch die Welt hat ihn nicht vergessen. Ein Reporter des „Planeten-Spiegel" ist gekommen, um sich mit ihm zu unterhalten, denn der alte Herr war einmal ein berühmter Staatsmann. Vor fast 30 Jahren machte er unter dem Spitznamen „GENSCHMAN" Weltgeschichte.
Sie erinnern sich nur noch dunkel? Dann hören Sie einmal zu, was „GENSCHMAN" zu sagen hat.
Nun, Herr, Herr, äh..., ich weiß schon worauf Sie anspielen. Daß Sie in einer praktisch idealen Gesellschaftsordnung aufwachsen durften, in einer Welt ohne Unterdrückung, Folter, Hunger und Ausbeutung, kurz, der GENSCHWORLD, das verdanken Sie tatsächlich mir und meinen Freunden von der GERECHTIGKEITSLIGA. Sie brauchen ja bloß einmal nach draußen zu schauen...

Ja, junger Mann. Beeindrukkend, nicht wahr, unsere GENSCHWORLD. Auch ich selbst staune immer wieder. Aber es war ein weiter Weg, um hierhin zu kommen. Ich mußte unzählige Kämpfe durchstehen, manche auf Leben und Tod. Vielleicht haben Sie davon einmal gelesen. Es gab sogar eine Zeitschrift, der Name ist mir leider entfallen, die berichtete jeden Monat von meinen Einsätzen für Frieden und Gerechtigkeit…

GENSCH MAN
Folge 753
Text: Bob Schmidt, John Zippert
Zeichnungen: Clark Greser
Als er noch fast ein Kind war, wurde er von falschen Freunden zu einer großen Dummheit verleitet. Daher hat er sein Leben einem Ziel gewidmet: Das Böse zu bekämpfen und falsche Freunde zu vernichten! Heute ist er ein Superheld, vor dem Schurken und Vertragsverletzer in aller Welt erzittern.

DARF NICHT STERBEN

Ja, Freunde, ihr seht richtig. GENSCHMAN ist wieder im Einsatz. Sein Gegner ist ein Wesen – halb Monster, halb Minister – das sich an keine Verträge hält und GENSCHMAN für immer vernichten will. Doch wie kam es dazu? Hatte GENSCHMAN nicht in Folge 741 seinen Intimfeind, den Superschurken KRÖTE für immer ausgeschaltet? Wirklich für *immer*?

Noch im Sterben gelang es KRÖTE, aus seinem Blut ein Ungeheuer zu erschaffen, das praktisch ohne moralische Skrupel und zu jedem Verbrechen bereit ist: den WAIGEL! Seine Befehle erhält er direkt von KRÖTE aus dem Totenreich. Kugeln können ihn nicht verletzen, Argumente können ihn nicht überzeugen. Mit seinen Spießgesellen aus dem CLUB der SUPERVERBRECHER und USURPATOREN (C.S.U.) will er die Herrschaft über das Universum an sich reißen. Nur einer kann ihn aufhalten: GENSCHMAN. Doch die vielen Kämpfe gegen KRÖTE haben GENSCHMAN geschwächt. Ihr erinnert euch: In Foge 253 hört er auf einmal schwer, in Folge 377 bricht er bei einer Rede in Oslo zusammen. Grund: Ohrrhythmusstörungen. In Folge 512 verläßt er nach einem Wortgefecht wankend den Plenarsaal der GERECHTIGKEITSLIGA: Verdacht auf Ohrattacke. Nur 229 Folgen später schaltet er dann nach hartem Kampf die KRÖTE aus (gibts auch als Sonderheft! Gleich bestellen!). Aber damit ist das Böse nicht für immer aus der Welt, denn die KRÖTE lebt weiter – durch WAIGEL…

Es ist Nacht in Bonn. Die Hauptstadt der Korruption, des Verbrechens und der Intrige liegt schweigend und dunkel zu Füßen des »Langen Eugen«, dem Hauptquartier der GERECHTIGKEITSLIGA. Doch die Gerechten schlafen längst. Nur einer arbeitet noch und kämpft sich für Frieden und Völkerverständigung durch endlose Aktenberge. Ein pflichtbewußter Beamter? So mag es scheinen. Aber der Mann, der tagsüber wie ein einfacher dienstältester Außenminister der Welt auftritt, führt in Wirklichkeit ein Doppelleben: Er ist GENSCHMAN, unermüdlicher Kämpfer gegen alle Verbrecher und Schurken dieser Erde. Gerade will er das Licht löschen, da klingelt sein GENSCHOFON.

Höhnisch schnarrt eine Stimme durch die Leitung, die GENSCHMAN das Blut in den Adern gefrieren läßt. Sie gehört dem WAIGEL. Ihr erinnert Euch bestimmt noch (GENSCHMAN, Folge 740), wie dieser Megaschurke zu seinem dämonischen Aussehen gekommen ist. Auf der Flucht vor der Polizei mußte er durch die Abwässer einer Augenbrauenfabrik schwimmen. Damals wurde sein Gesicht zur teuflischen Fratze. Dieser wahnsinnige Verbrecher schreckt vor nichts zurück. GENSCHMAN muß sofort handeln. Aber kann er den WAIGEL stoppen?

Ein Kampf auf Leben und Tod steht bevor. Der WAIGEL, die entsetzliche Kreatur aus dem Geheimlabor der KRÖTE, ist praktisch unbesiegbar. Nur wenn er den Text seiner eigenen Reden hört, verliert er seine übermenschlichen Kräfte. Aber GENSCHMAN ist dem Superverbrecher nicht hilflos ausgeliefert. Seine Ohren sind hochempfindliche akustische Sensoren. Mit ihnen kann er auf eine Entfernung von bis zu 1000 Kilometern jede kleinste Vertragsverletzung wahrnehmen. Mit dem GENSCHPEN kann er jederzeit völkerrechtlich wirksame Verträge unterzeichnen. Körper und Geist hat er durch superhartes Training gestählt. Er ist der einzige »Mensch« der Welt, der die KIELER THESEN der F.D.P. öfter als zweimal gelesen hat. Er ist Träger der GOLDENEN NETZKARTE. Mit ihr kann er alle öffentlichen Verkehrsmittel zum halben Preis benutzen. So kommt es vor, daß GENSCHMAN manchmal an zwei verschiedenen Orten gleichzeitig zu sein scheint. Auch sein GENSCHDRESS ist eine perfekte Tarnung. Niemand würde unter der riesigen Ohrenmaske GENSCHMANs der unscheinbaren Minister des Äußersten Hans Dietrich Genscher vermuten

Mit einem irren Zahn jagt das GENSCHMOBIL dem Versteck des WAIGEL entgegen. Reibungslos gelingt der Wechsel von der A 555 auf die A 1. Hinein geht's ins wahnwitzige Labyrinth des Kamener Kreuzes. Aber souverän findet GENSCHMAN die richtige Ausfahrt: A 2, Richtung Osten. Hier kann das GENSCHMOBIL zeigen, was in ihm steckt. Spitzengeschwindigkeit 380 km/3h. Dazu die Super-Extras: indirekte Handschuhfachbeleuchtung, Höhenmesser, wiederverschließbarer Verbandskasten, eingebautes GENSCHOFON mit Wahlwiederholung, stufenlos auf Filterzigaretten regulierbarer Zigarettenanzünder. Doch in der DDR helfen diese Extras wenig. DDR ist die Abkürzung für Dramatic Decline of Rapidity (Drastischer Drehzahlrückgang).
Aber auch die ZONE kann GENSCHMAN nicht schrecken. Doch dahinter lauert der schreckliche WAIGEL in einem Geheimbunker an der ODER-NEISSE-LINIE. Die Zeit rennt GENSCHMAN davon. Kann der Superschurke sein teuflisches Werk vollenden?

Der WAIGEL hat eine Maschine des Grauens konstruiert: Den GRENZ-MANIPULATOR! Die Pläne hat noch das irre Hirn der KRÖTE ausgebrütet. Mit Hilfe dieser Höllenmaschine soll der WAIGEL die ODER-NEISSE-LINIE um 600 km nach Osten verschieben. Doch GENSCHMAN weiß, wie er den Schurken besiegen kann. Schrekkensbleich hört der WAIGEL seine eigene Rede, die GENSCHMAN Wort für Wort im Supergedächtnis gespeichert hat. Die Hand, die eben noch den tödlichen Hebel umlegen wollte, beginnt zu verdorren. Ein schwefliger Pesthauch erfüllt den BUNKER; der bösartige WAIGEL beginnt zu verschmurgeln. Doch was ist das? »Gebiete ... jenseits ... Oder ... Neiße ... immer, immer ... Be-Be-Bestand ...« GENSCHMAN gerät ins Stocken, seine Ohren zittern ...

Der WAIGEL entkommt! Sein Verbrechen kann er nicht mehr ausführen, doch GENSCHMAN ringt mit dem Tod – ein Ohrinfarkt hat ihn außer Gefecht gesetzt. Triumphierend verschwindet der Megaschurke im undurchdringlichen Dickicht der ehemals deutschen Ostgebiete. Unser Superheld bleibt hilflos zurück ...

Muß GENSCHMAN sterben?
Wird der WAIGEL wieder zuschlagen?
Was wird aus dem jungen MÖLLEMAN?

Die Antworten auf diese Fragen erfahrt ihr jeden Monat aus der TITANIC, dem MEGA-SATIREMAGAZIN. Weltweit im Kampf gegen das Böse.

A/II 445–8/DZ

PRIVATARCHIV BETTZUEGE

Hans-Dietrich Genscher, 62, genesener Bundesaußenminister, schöpfte Kraft aus der Satire. Das „endgültige Satiremagazin" *Titanic* hatte den Politiker nach seinem Herzinfarkt als Batman mit riesigen Ohren gezeichnet und dazu getextet: „Genschman darf nicht sterben" (o.l.). Den Grund erfährt der Leser des Septemberhefts aus einem Comic strip, in dem Genschmans Gegner – ein Wesen „halb Monster, halb Zombie" namens Waigel – im Auftrag der verstorbenen Kröte (Franz Josef Strauß) die „Oder-Neiße-Linie um 600 Kilometer nach Osten verschieben" soll. Genschman kann das Verbrechen Waigels, der die Ostverträge zerreißt (o.), verhindern. Doch um welchen Preis. „Genschman ringt mit dem Tod – ein Ohrinfarkt hat ihn außer Gefecht gesetzt." Nicht nur freute sich der Minister und traktierte seine zahlreichen Besucher mit dem Heft. Vergangene Woche zeigte er sich obendrein mit dem Magazin in der Hand als vollständig Wiederhergestellter und verkündete: „Es wird Zeit, daß ich wieder mitmische." An diesem Montag nimmt Genscher seine Amtsgeschäfte wieder auf.

DER SPIEGEL,
Nr. 37, 11.9. 89

23.9. 89 - Tag der offenen Tür. Auf meine Einladung hin war die Titanic-Redaktion erschienen. Gaben sich als GENSCHMAN-Fanclub Oberursel aus.

Ein kleines Mädchen trug ein Gedicht vor, dessen Inhalt vorher von mir überprüft und überarbeitet wurde. Anschließend überreichte der "Fanclub" dem Minister ein T-Shirt, eine sog. GENSCHMAN-Maske und einen Forderungskatalog. (Teilweise wirres Zeug wie 'Maklerberuf verbieten','Marihuana legalisieren','auf MÖLLEMAN achten'etc.)

Nachdem er sich der Presse mit der Maske präsentiert hatte, ließ er sie im Konferenzsaal liegen. Flog zu Gesprächen nach N.Y. Rief mich spätnachts zuhause an, ob ich die Maske aufbewahrt hätte.

A/II 445–8/DZ

Bundesaußenminister als neue Kultfigur

„Genschman“-Welle überrollt Republik

DER ECHTE „GENSCHMAN“ Funkbild: dpa

„Genschman“ auf dem Bundesfest

Den 40. Geburtstag unserer Republik feierten gestern rund 100 000 „Bundesfest“-Besucher in Bonn. Erstmals hatte auch das Auswärtige Amt einen Tag der offenen Tür veranstaltet, Hausherr Hans-Dietrich Genscher (FDP) zog sich die Wunderkappe der neuen Comicfigur „Genschman“ über. Dann flog

Bonner Polit-Comic: Guter Genschman bekämpft den schlechten Waigel

Kappe gegen das Böse

schman-T-Shirt tragen. Sie schickten Bestellcoupons ans Auswärtige Amt. Genschers Mitarbeiter nahmen's gelassen hin: „Wir haben die Briefe an die ‚Titanic‘-Redaktion weitergeleitet.“ Die hat die T-Shirts.

Genscher alias Genschman blieb die Freude auf neue „Titanic“-Folgen aus der „Hauptstadt der Korruption und der Intrige“ („Titanic“). Ein Sprecher des Auswärtigen Amtes erklärt schmunzelnd: „Nach seinem Herzinfarkt hat der Minister im Krankenbett das ‚Titanic‘-Heft mit Freude gelesen.“

Ob Genscher in Bonn im Kampf gegen politische Gegner die Insignien der Macht – Kappe, T-Shirt und Umhang – überstreift, wird von ungewöhnlich gut informierten Kreisen bezweifelt. Aber, angedeutet hat er bereits, sein Genschman-Dress bei der nächsten Karnevalsveranstaltung zu tragen.

Thomas Satinsky

Außenminister Genscher wird manchmal respektlos „der mit den Ohren“ genannt. Jetzt überreichte ihm der Genschman-Fan-Club ein Paar noch größere

„Genschman“-Welle rollt

Der Bundesaußenminister ist darüber „hoch amüsiert“

Vorsicht, Satire! Die „Original Genschman-Puppe“, die Dutzende von „Titanic“-Lesern beim Auswärtigen Amt bestellen wollten.

„Genschman“ Genscher: mit Riesenlauschern der Retter der Welt.

„Genschman“-Welle schwappt übers Land

Dienstältester Außenminister eine Art neuer „Kultfigur“

Bonn (dpa). In der Bundesrepublik Deutschland rollt eine „Genschman“-Welle. „Genschman darf nicht sterben“, forderte das Satire-Magazin „Titanic“, als die Nation nach einem Herzinfakt des 62jährigen Außenministers Hans-Dietrich Genscher im Juli um dessen Leben bangte. Die Zeitschrift machte Genscher zum Helden eines Comic, in dem „Genschman“ nach „Batman“-Manier das Böse bekämpft und die deutsche Ost-Politik rettet.

Besondere Kennzeichen: Riesige Ohren

Die „Genschman“-Welle rollt und rollt

Als Superheld schwingt sich Außenminister Genscher in die Höhen einer Kultfigur

Genschman, der Auswärtige ...

... ortet Widersacher mit den Superohren: Hans-Dietrich Genscher hat neue Fans

„Genschman“-Welle rollt durch die Republik: „... denn echt bist du ein Superheld“

Da ließ sich Hans-Dietrich Genscher nicht lange bitten: Am „Tag der offenen Tür“ im Auswärtigen Amt in Bonn stülpte er sich die vom „Genschman“-Fanclub Oberursel mitgebrachte Halbmaske des Superhelden über. Foto dpa

ALS „GENSCHMAN“ zeigte sich Außenminister Hans Dietrich Genscher grinsend auf dem Bürgerfest in Bonn. Bilder: ap

Der „Genschman“ jagt von Erfolg zu Erfolg

Aus dem Bonner Außenminister wurde ein Comic-Held – Seltenes Jubiläum: 20 Jahre im Amt

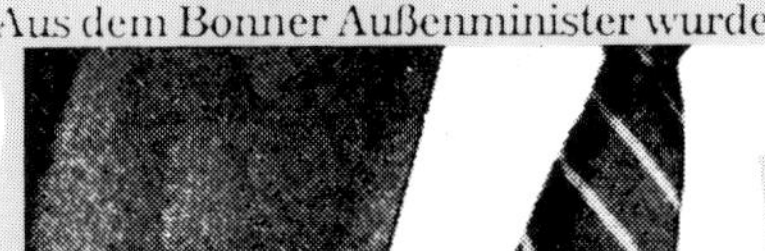

Überraschte in „Genschman“-Kampfkleidung: Hans-

AZ politik

Genschman – gefragt wie noch nie

Eine Satire über den Mann mit den Ohren: Komische Folgen im Außenministerium

Haben sie's nicht gemerkt oder wollten sie die Satire noch ein Stück weiter treiben? Mit einer seltsamen Bitte wandten sich Dutzende von Genscher-Fans ans Auswärtige Amt: Sie wollten einen „schrillen Genschman-Gimmick“ ordern. Genschman – „ein Superheld zum Liebhaben“ – erinnert an den Filmhelden Batman und ist eine Erfindung des Frankfurter Satire-Blattes „Titanic“.

Neben der Genschman-Puppe, mit der sich die Nonsens-Leute mal wieder über den Außenminister mit den großen Ohren lustig machen, preist „Titanic“ auch ein „Original Genschmobil“ und eine Genschman-Langspielplatte an – die angeblich beim Bonner Außenministerium bestellt werden können.

Der Minister fand die Aktion so witzig, daß er sich sogar von einem fiktiven „Genschman-Fanclub“ öffentlich mit Cape und Ohrenmaske auszeichnen ließ. Die Satire-Fans, die in der Bonner Adenauerallee die Gimmicks mit den großen Ohren bestellt haben, bekommen vom Außenministerium allerdings keine Antwort. „Wir wollen den Personenkult nicht zu weit treiben“, sagte ein AA-Sprecher zur Abendzeitung.

sug

Genschman. Im Auswärtigen Amt setzen ihm Mitarbeiter der Satire-Zeitschrift „Titanic“ eine Maske mit Elefanten-Ohren auf. Genschman – eine Abwandlung von Batman. Das war am 23. September

UN-Vollversammlung. „In echt bist du ein Superheld, als Genschman rettest du die Welt“, deklamiert ein kleines Mädchen vom „Genschman-Fanclub“ und überreicht dem Minister eine riesige schwarze Maske, die dieser zur Gaudi der Besucher sogar aufsetzt.

Hans-Dietrich Genscher ließ sich den Spaß beim Bundesfest in Bonn nicht nehmen und probierte die Genschman-Maske „seines“ Fanclubs.

„Genschman“ war Star beim Bundesfest

Eine „Genschman-Maske“, nachempfunden dem Comic-Star Batman, bekam Bundesaußenminister Hans-Dietrich Genscher am Samstag von einem Fanclub überreicht. Zum ersten Mal hatte beim Bundesfest in Bonn auch das Auswärtige Amt seine Pforten für die vielen tausend Besucher geöffnet. Der Minister probierte die Maske zur Freude der Fotografen gleich aus. **Seite 3** Bild: dpa

Γκένσερ, ο νέος «Μπάτμαν»

ΠΟΥ ΘΑ ΣΩΣΕΙ ΤΗΝ «ΟΣΤΠΟΛΙΤΙΚ»

ΒΟΝΝΗ, Νοέμβριος (Ιδ. Υπηρ.). Δεν είναι ... ...ως γερμανικά. «Μόνο ο Γκένσμαν θα μας ...τει». Στο τεύχος αυτού του ...ός, ο Γκένσμαν ανατρέπει ... τα σχέδια του Βάιγκελ, ...τοίος προσπαθεί να δε... τα 16 εκατομμύρια Α...ικογερμανών να διαφύ... στη Δυτική Γερμανία... ...ινάνες. Την τελευταία ..., ο Γκένσμαν αλλάζει ...κίδες που δείχνουν το ...αι τους στέλνει όλους ...όεδρο Τσαουσέσκου ...

„Genschman“ hebt ab.

... με τη μορφή του ... του Γκέ... σημαντικα τα μέτρια οικονο-

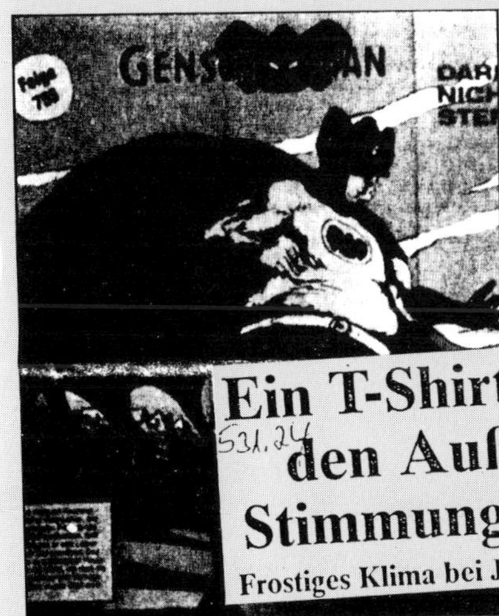

Ο Γκένσμαν, όπως τον δημιούργησε το περιοδικό «Τιτάνιχ» ετοιμάζεται να σώσει τον κόσμο.

Γκένσμαν, αφίσες, κονκάρδες και εκφράζοντας την επιθυμία να γίνουν μέλη στη λέσχη ... μικά του περιοδικού. Ομως οι ταλαντούχοι νέοι, που αποτελούν το προσωπικό του

Batwings to the rescue of Ostpolitik

From Patricia Clough in Bonn

"IT'S A BIRD! It's a minister! It's Genschman!" Batwings spread wide, the familiar huge ears flapping, he swoops around the world, ...

... sends them all marching off to President Ceausescu in Romania. What marvels will he perform next?

Genschman has sent the circulation of *Titanic* rocketing from 60,000 to 90,000 in two months and the roaring trade in ...

BUNTE

Heft 41 5.10.1989 3,30 DM 4,35 hfl · 290 Ptas 3,40 sfr · 3300 L

Glückwunsch, Genschman!

Frankfurt – Morgen vor 20 Jahren wurde Hans-Dietrich Genscher (62) Minister – zunächst für Inneres. Ein Sowjet-Vertreter schenkte ihm auf der Tagung des Instituts für Ost/West-Sicherheitsstudien eine Gedenkmünze aus dem Schrott einer SS-4-Rakete, eingeprägt „Ein Dollar“ und „Ein Rubel“. Vom Tagungspräsidenten gab's ein T-Shirt mit der Aufschrift „Genschman“

Der Tag, als der Genschman kam

AZ-Reporterin war bei dem dramatischen Auftritt in der Bonner Botschaft in Prag dabei

Genscher: Mann des Jahres

Der kranke Löwe. Er folgte der Stimme seines Herzens und nicht dem Rat seiner Ärzte

17 Gelöst war die Stimmung beim „Tag der offenen Tür“ im Bonner Regierungsviertel. Wer versteckt sich wohl hinter dieser lustigen Maske?

a) Kohl
b) Vogel
c) Genscher

Ein T-Shirt mit »Genschman« für den Außenminister taute die Stimmung beim Abendessen auf

531.24

Frostiges Klima bei Jahreskonferenz des New Yorker »Think-Tanks«

Kocian: Ein Mann für den Genschman-Fanklub: Der Tschechoslowake war ununterbrochen auf Reisen, ortete jeden Gefahrenherd und löschte meist schnell das Feuer.

„Batman“ ist out: 531.24

„Genschmans“ Aufstieg zur neuen Kultfigur

Vom Mann des Jahres zum „Man of Justice“

Deutscher Außenminister meistgeehrter Politiker '89

dpa. Hans Dietrich Genscher kann wohl auf das erfolgreichste Jahr seiner Amtszeit zurückblicken. So wurde er nicht nur vom Satireblatt ›Titanic‹ zum »Comic-Superhelden« befördert und von der ›BUNTEN‹ zum »Mann des Jahres« gekürt, auch im Ausland hagelte es geradezu Preise und Ehrungen auf den gebürtigen Hallenser.

Vor einer Woche ernannte das Magazin ›TIME‹ Genscher zum »Man of Justice«, eine Auszeichnung, die vor ihm nur Bischof Tutu und Michail Gorbatschow erhielten. Die ›Washington Post‹ verlieh ihm den Titel »Mister Peacemaker«, und die ›Seattle Times‹ machte ihn zum »Warm Warrior«, zum warmen Krieger – im Gegensatz zu den vielen kalten Kriegern, die ja hauptsächlich im US-Verteidigungsministerium sitzen sollen. Auch auf der anderen Seite des gar nicht mehr so Eisernen Vorhangs wollte man unseren Außenminister nicht leer ausgehen lassen. Die ›ISWESTIJA‹ ernannte ihn in ihrem Jahresrückblick zum »Robotnik liberalski«, und die Leser des ungarischen Zeitgeistmagazins ›Paprika‹ wählten Genscher zum »beliebtesten Kapitalisten '89«.

Nicht verschwiegen werden soll auch ein Glückwunschtelegramm von Nicolae Ceauşescu, der den dienstältesten Außenminister noch kurz vor seinem Sturz zur »Sonne der Gerechtigkeit« und zum »Mittelfinger der Völkerverständigung« ernannte.

Da dürfte sich der Minister von einer Ehrung der linksgerichteten französischen Tageszeitung ›Liberation‹ schon mehr geehrt gefühlt haben – die wählte ihn nämlich zum »Homme de Longtemps«, zum Mann mit dem außenpolitischen Langzeitgedächtnis. Schmückend auch der Titel, den ihm das dänische Separatisten-Organ ›Thule Dagblad‹ verlieh. Für die Polarkreisjournalisten war Genscher nämlich »Nanuk Ennui«, der ›Eisbrecher des Jahres‹. Bei so viel Preis und Ehr' fällt es denn auch kaum ins Gewicht, daß der Journalistenverband des hochverschuldeten afrikanischen Staates Mali den großohrigen Außenpolitiker zum »Bwana G'lasprln«, zum Imperialisten des Jahrzehnts ernannt hat. Nicht ganz ernst zu nehmen ist auch der Titel, den ihm das amerikanische Ulk-Magazin ›National Lampoon‹ verliehen hat. Für die US-Spaßvögel ist Gensche nämlich »Shitliberal of the year«.

AUSWÄRTIGES AMT

5300 BONN 1

VERTRAULICH

MEMO

Besprechung v. 27.09.1989

TOP: Forcierung von sog. "GENSCHMAN"-Welle in den Medien

Anwesend: Reinhard Bettzuege, Leiter Ref. für Öffenlichkeitsarbeit im AA (Ref. 012)

Dr. Günther König, Pressesprecher AA

Jürgen Chrobog, stellv. Pressesprecher AA

Protokoll: Renate Mielke

Bettzuege unterstrich die erstaunliche Resonanz der den Bundesaußenminister karikierenden sog. GENSCHMAN-Comics in der Satirezeitschrift TITANIC insbesondere bei einem jugendlichen Publikum. Er verwies in diesem Zusammenhang auf die Flut von ZUschriften an AA bezüglich des fiktiven "GENSCHMAN-Shops" in erwähntem Magazin. Bettzuege betonte das starke Interesse, welches der GENSCHMAN-Comic beim Minister gefunden hätte. Der Minister habe den Wunsch geäußert, daß sich Ref. 012 mit Vorrang um diese Sache kümmere.

Erste Aktivitäten seien von ihm, Bettzuege, bereits mit guten Ergebnissen eingeleitet worden. Besonders die Einladung der TITANIC-Redaktion zum Tag der offenen Tür des AA am 23.9.89, bei dem dem Minister eine "GENSCHMAN-Maske" überreicht wurde, fände bundesweit positive Resonanz in den Medien. Die "GENSCHMAN-Welle" unterstütze auf unerwartete Weise die schon seit längerer Zeit von Ref. 012 verfolgte Linie, die Politik des Ministers mit einem gewissen "human touch" zu umgeben. Bettzuege bat um Vorschläge für weiteres Vorgehen.

Dr. Koenig gab zu bedenken, daß es sich bei dem Magazin um ein linksoppositionelles Blatt handele, das der Politik von AA und Bundesregierung wenig positiv gegenüberstehe. Man müsse mit aller gebotenen Vorsicht vorgehen, wenn man sich an den "GENSCHMAN-Zug dranhänge".

Bettzuege meinte, daß dieser Faktor durchaus vernachlässigbar sei. Man müsse "dem Zug einfach die richtige Richtung geben". Insbesonders im Hinblick auf die Bundestagswahl 1990 sei die "GENSCHMAN-Welle" für den Minister bzw. die F.D.P. "sozusagen ein Geschenk des Himmels". Dies sähe der Minister im übrigen genauso.

Chrobog stimmte dem zu. Die TITANIC sei eine kleine Zeitung mit relativ geringer Auflage (derzeit ca. 100.000). Wichtig sei die Darstellung der GENSCHMAN-Welle in großen Print- und AV-Medien. Hier liege die Aufgabe von Ref. 012.
Dieser Standpunkt fand die volle Unterstützung von Bettzuege. Auch Dr. Koenig schloß sich dem an.

Abschließend wurde ein "Fahrplan" für das weitere Vorgehen von Ref. 012 erstellt. Bettzuege erklärte, daß er möglichst bei allen Medienauftritten der TITANIC-Redaktion bezüglich GENSCHMAN persönlich anwesend sein wolle. Dies beträfe insbesondere Auftritte in AV-Medien (Talk-Shows, Radio-Interviews etc.). Dr. Koenig und Chrobog hätten diese Aktivitäten "vor Ort" vom AA aus flankierend zu begleiten. Dr. Koenig solle speziell auf die TITANIC-Red. einwirken. Ziel sei es, bestimmte Auswüchse von GENSCHMAN-Comic und GENSCHMAN-Welle (besonders Darstellung von Koalitionsmitgliedern in Text und Bild) zu mildern. Damit war die Besprechung beendet.

Verteiler: Reinhard Bettzuege

Dr. Günther König

Jürgen Chrobog

Bundesaußenminister Hans Dietrich Genscher
zur Kenntnisnahme

Klingt ja alles ziemlich dramatisch, lieber GENSCHMAN, ich darf Sie wohl so nennen? Aber es hat doch sicher auch komische Erlebnisse gegeben, irgend etwas Lustiges?
Oh, ja, wir waren eigentlich ein ganz fideler Haufen in der GERECHTIGKEITSLIGA. Aber am lustigsten war's immer mit dem guten MÖLLEMAN – ich kann Ihnen da eine Geschichte erzählen…
COMPUTER Lügbuch Mischnick 2
COMPUTER-Lügbuch Mischnick 1

Sondersitzung der GERECHTIGKEITSLIGA! Fast alle Superhelden sind versammelt: der hungrige BANGEMAN, der geheimnisvolle UNSICHTBARE, die gewiefte PROTHESE, der mächtige SICHTBARE, die bezaubernde QUOTENWOMAN, der listige GNOM, der geniale RIESENHUBER und natürlich der Schrecken der Unterwelt: GENSCHMAN! Einziger Tagesordnungspunkt der heutigen Sitzung: Der kritische Gesundheitszustand von KATHETERMAN. Der einst so brillante Denker und Vorsitzende der LIGA dämmert seit Wochen dahin. Die Ärzte haben ihn bereits aufgegeben. Nur eins könnte ihn retten: Das sagenumwobene ABITUR der KRÖTE, dem wundertätige Kräfte zugeschrieben werden. Doch wer soll es beschaffen?
GENSCH MAN
BANGEMAN
Du mußt das ABITUR finden, MÖLLEMAN! Wenn du es schaffst, gehörst du zu uns.
GENSCHMAN
PROTHESE
Als er noch fast ein Kind war, wurde er von falschen Freunden zu einer großen Dummheit verleitet. Daher hat er sein Leben einem Ziel gewidmet: Das Böse zu bekämpfen und falsche Freunde zu vernichten! Heute ist er ein Superheld, vor dem Schurken und Vertragsverletzer in aller Welt erzittern.
Hoffentlich geht's nicht wieder schief – wie auf dem STUDENTENPLANETEN

MÖLLEMANs AUFNAHMEPRÜFUNG
Folge 755
Mölleman / Kellner x Frisur = Versager²
HETERMAN
QUOTENWOMAN
RIESENHUBER
DER SICHTBARE
DER UNSICHTBARE
70:30, daß er versagt!
Ohne mich, SICHTBARER, bin zur Zeit etwas klamm.
Das ist MÖLLEMANs große Chance. Wenn er tatsächlich das ABITUR der KRÖTE beschafft, wenn er KATHETERMAN rettet, dann wird er offizielles Mitglied der GERECHTIGKEITSLIGA. Aber wo soll er das ABITUR suchen? Vielleicht enthält GENSCHMANs Brief einen Hinweis…

Genauso ist es…
Paß auf dich auf, Junge!
TUR der KRÖTE
ist in der Zentrale
des C.S.U.: im Hotel
des TANDLER.
Im Namen der
Gerechtigkeit
P.S. Viel Glück!
Du wirst es
brauchen
Es wird schon dunkel, als MÖLLEMAN die furchterregende Festung des Grauens erreicht.
HOTEL
Ich werde es schaffen, GENSCHMAN soll stolz auf mich sein!
TÖF
TÖF
Kundschaft!
RING
Das Hotel des TANDLER scheint verlassen. Ist hier tatsächlich die Schaltzentrale des CLUBs der SUPERVERBRECHER und USURPATOREN (kurz C.S.U.)? Vielleicht sollte sich MÖLLEMAN etwas mehr um die beiden Schatten im Hintergrund kümmern. Doch der junge Mann hat die Gefahr längst vergessen. Er denkt nur an eins…
SAUNA
BROTZEITSTUBE
ZUM KRÖTEABITUR
Ah, da geht's lang.

Blindlings folgt MÖLLEMAN den Hinweisschildern und steht plötzlich im MUSEUM!!! Hier haben die Superschurken alles zusammengetragen, was man für das perfekte Verbrechen braucht. Und hier steht auch – MÖLLEMAN traut seinen Augen kaum – das ABITUR der KRÖTE.
Leihgabe „DDR“
ERPRESSER KARTEI
ABITUR DER KRÖTE
Na also! Jetzt muß ich's nur noch mitnehmen.
Schlesier Produktions maschine
Doch da…
… ist MÖLLEMAN wohl reingefallen…
HAR
HAR

...direkt in einen Frisiersalon. Doch was sind das für »Figaros«? Seit wann verstehen der grauenhafte WAIGEL und der scheußliche TANDLER was vom Haareschneiden?
Har, har, har, MÖLLEMAN, jetzt wirst du zwangsrasiert. Bitte den Schaum, mon chèr TANDLER!
Schluck
Subito, Maestro WAIGEL.
Tja, unser Möchtegernsuperheld sitzt ganz schön in der Klemme. Der Schnauz ist doch seine Geheimwaffe – damit kann er im Dunkeln sehen. Doch noch ist der Bart nicht ab, denn jetzt kommt...
GENSCHMAN!!!
Da habt ihr euren Rasierschaum!
Ich klebe fest!
Ohrenschmalz! Wir sind verloren.
WUSCH
Zur Post INH.: DER TANDLE
MÖLLEMAN, MÖLLEMAN, ein Abitur ist doch kein Faß.
Ich war wieder zu blöd!
In letzter Minute hat das Gute doch noch gesiegt. Dank GENSCHMAN. Doch der junge MÖLLEMAN hat die Aufnahmeprüfung wieder nicht bestanden. Was wird jetzt aus KATHETERMAN? Muß er den Vorsitz der LIGA abgeben? Oder wird ihn RIESENHUBER erfolgreich operieren? Die Antworten auf diese Fragen lest ihr in der nächsten TITANIC. Und nur dort.

A/II 445–8/DZ

PRIVATARCHIV BETTZUEGE

Genschman
„Ärzte" machten Fieber

Da ist er nun endlich – der verspätete Sommerhit. „Genschman" ab diese Woche im Handel, längst im Radio. Zu dem Herrn auf dem Foto unten (er machte den Hit) kommen wir gleich – erstmal zum Song: Genschman – das ist so eine Art Hans-Dietrich Batman mit unglaublichen Segelohren, der ständig gegen alle möglichen Polit-Bösewichter kämpft, dank Netzkarte der Bundesbahn immer überall sein kann und einen Erzfeind namens Waigl hat. Satire satt. Kleine Textprobe: „Das Böse will die Welt zerstören, könnt ihr Waigls Lache hören? Da hilft kein Betteln, hilft kein Beten, nur einer rettet den Planeten – Genschman." Genscher selbst ist begeistert, schenkt Freunden Genschman-Souvenirs. Die ersten Trikots sind da... Also, der Song-Schreiber. Bela B. nennt sich der Typ. Klingelt's? Bela B. und Farin Urlaub, das waren die Pop-Jungs namens „Ärzte". Sind ja leider getrennt, jeder muckt für sich selbst. Bela B. jetzt mit dem richtigen Riecher. Richtig heißt er Dirk Felsenheimer, ist 24, waschechter Berliner, 1,80 lang, mit Zwillingsschwester und grünen Augen. Während Deutschland im Genschman-Fieber ist, macht Bela schon wieder was Neues – „richtige Rockmusik", sagt er. Schade, nach Genschman will dieses unser Land mehr Polit-Hits zum Lachen hören.

D. Felsenheimer

„Genschman" als der Retter der Welt

Satire-Magazin bringt Rap-Platte contra „Batman" heraus

Berlin – Aus Amerika schwappt die Batman-Welle über. Jetzt kontert die politische Satire-Zeitschrift „Titanic" gemeinsam mit der Promotion-Gesellschaft hit & run. Sie brachten eine neue Rap-Platte auf den Markt: „Eine Hymne an Genschman für seinen Einsatz gegen das Böse" (Text siehe rechts).

Eins jedenfalls ist jetzt schon sicher: Die Platte kann nicht allen in der Republik Spaß machen. Je nach politischer Couleur wird der eine oder andere Sende-Chef die Scheibe wohl ins Archiv verbannen – nehmen die „Scheels" doch einen bayerischen Politiker ganz schön herbe 'ran. – Die Reaktion des bayerischen Rundfunks wird besonders interessant sein.

In Hamburg haben die meisten Radiostationen aber keine Angst vor hohen Polit-Tieren. NDR, Radio Hamburg und Radio 107 spielen mit. Nur OK-Radio, der kleinste Privat-Sender, ist vorsichtig: „Wir spielen keinen Rap und politisch halten wir uns zurück", so Musik-Redakteur John de Graaf.

Berliner Indie-Charts
von Burghard Rausch

	*	Interpret	Titel (Label)
1	(8)	**Television Personalities**	Salvador Dali's Garden Party EP (Fire Rec.)
2	(–)	**Butthole Surfers**	Widowmaker (Blast First)
3	(–)	**Scheel**	Genschman (Fünfundvierzig)
4	(–)	**Mudhoney**	This Gift (Sub Pop/Glitterhouse)
5	(2)	**The Sugarcubes**	Regina (Rough Trade)
6	(9)	**Das Damen**	Noon Daylight (What Goes On)
7	(15)	**Krupps/Nitzer Ebb**	Machineries Of Joy (BCM)
8	(17)	**Die Erde**	Party (What's So Funny About)
9	(3)	**The Beasts Of Bourbon**	The Hate Inside (Red Eye)
10	(16)	**The Unknown Cases**	Bogota Boogie (I'm Gonna Booglarize You Baby) (Day-Glo)

Superheld Genschman
Von „Titanic" vorgestellt

Amerika hat Bat- und Superman, Deutschland hat jetzt gleichgezogen. Noch bevor der maskierte Fledermaus-Held aus Übersee in unseren Kinos abheben konnte, hat sein einheimisches Pendant auf der Buchmesse einen Blitzstart gehabt. Die schwarze Ohrenmaske steht ab wie bei Batman die Flügel, hinter den Augenschlitzen liegen Tränensäcke, unter der Maske lugen wulstige Lippen und schlaffe Hamsterbacken hervor. Der Chef des Bonner Außenamts hat sich, als Genschman verkleidet, nur ungenügend verborgen.

Das Porträt ziert die Hülle einer Maxi-Single, mit der das Satire-Magazin „Titanic" ins Tonträgergeschäft einsteigen will. Elektronische Rockrhythmen dröhnen, der vertraute Ministerbariton verkündet: „Nichts ist mächtiger als eine Idee, deren Zeit gekommen ist..." Und im Hintergrund skandiert ein Chor ekstatisch „Genschmääään", egal, was der Star und sein sardonisch lachender Gegenspieler „Der Waigel" auch zu verkünden haben.

Am Messestand, dessen Besatzung die Genschman-T-Shirts übergezogen hat, herrscht großes Gedränge. Das Merchandising-Geschäft mit Buttons, Aufklebern, Umhängetasche und Genschman-Puppe kündigt sich an. Einen Satz der Devotionalien und die Platte nimmt PR-Chef Bettzüge vom Außenamt entgegen. Er spricht den Dank des Ministers aus: Hans-Dietrich Genscher werde die Ehrung für einen Zeitgenossen, der täglich die Menschenrechtsverletzungen auf der ganzen Welt aufzuspüren sucht, sehr wohl zu schätzen wissen. **ric.**

SCHEEL Genschman

Erfinder des Superhelden Genschman, der es mit dem maliziösen Widersacher Waigel zu tun hat, sind die Redakteure des Satiremagazins Titanic. Hinter SCHEEL stehen Wiglaf Droste und Bela B. Neben dem Comic im Satireblatt, und neben einer Menge Merchandising liegt jetzt eine 12"-Maxi vor, auf der neben der Pop-Nummer »Genschman« ein 10-minütiges Hörspiel auf der B-Seite zu finden ist.

CD 04541-02 12" 04541-02

Meine Teilnahme an der "Single-Uraufführung war ein voller Erfolg. Es gelang mir, die Situation fast vollständig für "unsere" Zwecke auszunutzen. Die eigentlichen Initiatoren wurden in eine Statistenrolle gedrängt. Sollten aber in Zukunft vorsichtig sein, denn der Inhalt der Plattentexte ist, gelinde gesagt, äußerst pikant.

Pressespiegel AA

Bettzuege, "live a.d. Schlachthof", BR 18. 10., 89

T-Shirt Raubdruck, Nov.89

Batman ist out
Genschmann
ist in
Profitieren Sie jetzt vom
Genschmann-
fieber
Genschmann-T-Shirt,
One size (XXL),
10 Lot Stck. **DM 8,50**
Versand + MwSt. u. NN.
ROBERTSONS, Tel. (0 46 81) 16 16

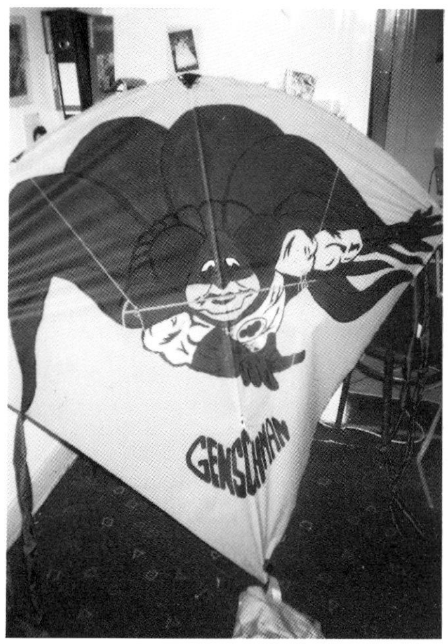

"GENSCH-Drachen", Hann./Luthe

Anzeige i.d. Hess. Allgemeinen

Schaufenster des Comic-Laden, Frankfurt

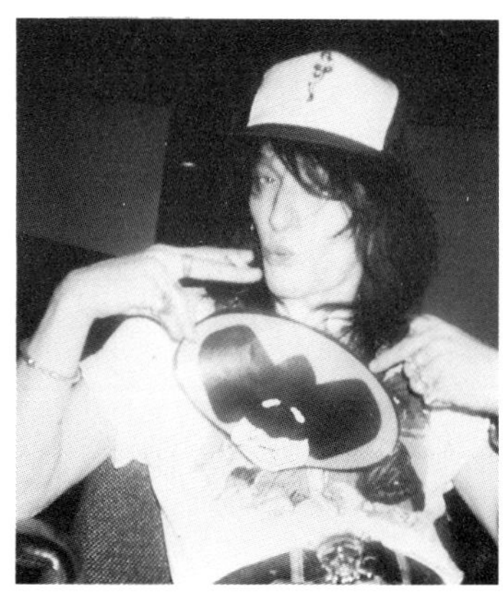

Der Berliner Musiker Bela B. als GENSCHMAN-Fan.

Pressespiegel AA

Freitag, 3. November 1989 **EXPRESS**

Genscher: Bummel mit Genschman

Von „Genschman“ verfolgt.. Trotzdem freut sich Hans-Dietrich Genscher über das originelle Geschenk von RTL. Foto: Zik

Liberaler „MEGA“-Schwof

Zu einem gemütlichen Beisammensein mit Kaffee und Kuchen laden die JuLis Unna-Maassen alle Freunde eines gewissen „Superhelden“ herzlich ein. Für die Kleinen kommt die Kieler Puppenbühne mit dem Stück „GENSCHMAN jagt den Schurken Larifari“. Die Eltern können mit Birgit Leyer-Stoll und ihrer „Superheldendiät“ lästige Pfunde abspecken, und auch an die Senioren ist gedacht worden: Für sie erzählt „Dat plattduiske Rächer“ alias Gert Zuminski Schnurren und Anekdoten aus dem Alltag eines „Megaschurkenbekämpfers“.

FDP-Pressesprecher Matthias Brandt im „Genschman“-Fieber. Foto: Schellenberg

Junge Liberale wählten ihren neuen Kreisvorstand

Entwicklung in Sachen "GENSCHMAN" äußerst positiv. Auch der Minister ist sehr zufrieden. Erhofft sich positive Impulse für die gesamte Partei. Rechnet bereits jetzt fest mit 10% bei der nächsten Bundestagswahl.

Privatarchiv Bettzuege

Kein Wort mehr in Bonn über „Genschman“

Diplomatische Schwierigkeiten mit der CSU befürchtet

Bonn – Aus ist's mit „Genschman“ im Auswärtigen Amt: Um einer Trübung des Verhältnisses zwischen dem Außenminister und Finanzminister Theo Waigel vorzubeugen, beantworten Hans-Dietrich Genschers Presse-Mannen keine Frage mehr zu ihrem „Supermann“.

Waigel, halb Monster, halb Zombie, zerreißt in der „Titanic“ die mühsam ausgehandelten Ost-Verträge (li.) – jetzt ist der Einsatz von „Genschman“ gefragt

Angefangen hatte alles mit der September-Ausgabe des Frankfurter Satire-Magazins „Titanic“. Der Herzinfarkt des Liberalen war der „Titanic“-Besatzung so nahe gegangen, daß sie Genscher als Wiedergeburt des US-Comic-Helden Batman feierte. „Genschman darf nicht sterben“ wünschten die Satiriker sich und dem Volk und erzählten eine reich illustrierte Geschichte: „Genschman“ hat einen Gegner (CSU-Finanzminister Theo Waigel), der – halb Monster, halb Zombie – sich an keine Verträge hält, die Ostverträge zerreißt und Genschman vernichten will.

Die Medien rissen sich um „Genschman“. Zunächst sah das Auswärtige Amt den Rummel um den Chef nicht ungern. Doch plötzlich, zum 20jährigen Dienstjubiläum Genschers, wurde eine Nachrichtensperre zum Thema „Genschman“ verhängt: „Wenn das so weitergeht, kriegen wir diplomatische Schwierigkeiten mit der bayerischen Staatskanzlei.“

Die „Titanic“-Redaktion reagierte, von der MORGENPOST auf die Nachrichtensperre angesprochen, mit satirischer Gelassenheit: „Mit Bedauern haben wir von der Reaktion des Ministeriums des Äußersten Kenntnis genommen. Wir hoffen aber, daß die bislang gute Zusammenarbeit, in der sich das Ministerium als legaler Flügel der Titanic bewährt hat, dadurch nicht beeinträchtigt wird. Wir gehen davon aus, daß Genschman alles tun wird, was wir von ihm fordern.“

Neue Schallplatte beleidigt Waigel

Von N. MÜNCHENHAGEN und G. STREITER

exp **Bonn – Drei Monate amüsierte sich Bundesaußenminister Hans-Dietrich Genscher über den Comic-„Genschman“ der Satire-Zeitschrift „Titanic“ – jetzt ist die Liebe zu seinem Super-Double erkaltet. Grund: Der Titanic-„Genschman“ kämpft jetzt auch auf Schallplatte gegen „das Monster“ Waigel, das die Ostverträge zerreißt und „Genschman“ vernichten will.**

Und eben diese Platte, urteilt man im Auswärtigen Amt, läßt die Grenzen des guten Geschmacks und des Koalitionsklimas hinter sich. Da wird die CSU als „**C**lub der **S**uperverbrecher und **U**rsupatoren“ bezeichnet. Waigel sei es als einzigem Clubmitglied gelungen, „aus der Anstalt für geisteskranke Schwerkriminelle auszubrechen.“

Satire-Opfer Waigel (CSU)

Genschers Mannen, die sich seit Juli über „Genschman“ amüsierten und von den Satire-Machern schon als „legaler Flügel der Titanic“ gefeiert wurden, haben jetzt von „Genschman“ die Nase voll. Sie fürchten Krach mit dem Koalitionspartner CSU und spielen beim Thema „Genschman“ nicht mehr mit.

Ich glaube, wir sind sozusagen raus aus der Nummer. Die Angelegenheit hat sich doch etwas anders entwickelt, als ursprünglich geplant. Werde dem Minister empfehlen, sich zurückzuhalten und nicht mehr im Zusammenhang mit dem "GENSCHMAN-Kult" in Erscheinung zu treten.

- Bettzuege -

Ref 012

Bz

Der irre GENSCHMAN -Shop

»GENSCHMAN-Kultgegenstände haben einen hohen moralischen Wert und Tragekomfort.« (Babs »GENSCHGIRL« Genscher)

Das sieht der WAIGEL gar nicht gern: **GENSCHMAN Sticker-Set** mit 2 Motiven für **DM 5,90. Best.-Nr. 22**

Für die gute Stube: **GENSCHMAN-Poster-Set.** Zwei Motive, DIN A 1 für **DM 15,90. Best.-Nr. 29**

Der absolute Wahnsinn! Die **Superplatte** zum Superhelden: **SCHEEL plays GENSCHMAN!** Maxidisc! Stereo! Eine Run Records Production. Mit Bela B., Beckmann, Rod Gonzales, Wiggi Droste und members of the TITANIC-Redaktion.
Weltweit! Das offizielle GENSCHMAN-Thema zum offiziellen **Preis von DM 10,90. Best.-Nr. 30**

Die nimmst Du nicht mal in der Kirche ab: **GENSCHMAN-BASEBALL-CAP** mit Ohrenmaskenmotiv für **DM 19,90. Best.-Nr. 27**

Ansteckend! Alle sind im GENSCHMAN-Fieber! Auch Du kannst zeigen, daß es Dich erwischt hat: Mit dem **GENSCHMAN-Button.** 2 Motive im Set **für DM 5,90. Best.-Nr. 23**

Mach mit beim Club der Superhelden! Wenn Du die **GENSCHMAN-Anstecknadel** trägst, sieht jeder, daß Du dazugehörst. **Preis: DM 9,90. Best.-Nr. 26**

Das offizielle **weiße GENSCHMAN T-Shirt.** Super Motiv: GENSCHMAN in Action! **Preis: DM 24,90. Best.-Nr. 21**

Das offizielle **schwarze GENSCHMAN T-Shirt.** Schützt Leib und Leben! Gegen die Kräfte des Bösen und für **DM 24,90. Best.-Nr. 20**

GENSCHMAN-Sweat-Shirt. Paßt jedem, will jeder haben für **DM 44,90. Best.-Nr. 24**

Legt das Döse in Schutt und Asche: **GENSCHMAN-Feuerzeug. Preis: DM 2,50. Best.-Nr. 28**

Damit kommst Du überall rein: **GENSCHMAN-Schlüsselanhänger für DM 11,90. Best.-Nr. 25**

Da hilft kein betteln, hilft kein beten: nur einer rettet den Planeten: GENSCHMAN!

Bestelladresse: TITANIC, Postfach 360440, 1000 Berlin 36

Und so wird bestellt: Wir liefern nur gegen Vorkasse – keine Nachnahme! Wir berechnen pro Bestellung 3,50 DM Versandkostenanteil, ab 100 DM Bestellwert liefern wir versandkostenfrei. Bitte senden Sie einen Verrechnungsscheck über den gesamten Bestellwert inkl. Versandkostenanteil oder überweisen Sie den Betrag aus das TITANIC-Konto bei dem POSTGIROAMT Berlin, BLZ 100 100 10, Konto-Nr.: 56901-109.

Titanic
DAS ENDGÜLTIGE SATIREMAGAZIN

GENSCH MAN Folge 1:

DIE VERHÄNGNISVOLLE UNTERSCHRIFT

Das ist Hans-Dietrich Genscher 1952, lange bevor er GENSCH-MAN wurde. Gerade ist er aus der ZONE, wo er dem SPITZBART entwischen konnte, nach Bremen gekommen. Jetzt hat er nur ein Ziel: Frieden, Freiheit, Gerechtigkeit. Doch wie soll er das erreichen? Schließlich ist er nur ein schwächlicher, leicht überernährter junger Mann, der außerdem noch sächsisch spricht. Ja, ein Superheld müßte man sein, wie Akim, Sigurd oder Super-Erwin. Doch sind das nicht alles nur Erfindungen aus miesen Schundheftchen?

Na, Erich. Wieder Erfolg gehabt mit deiner ZORRO-Masche?
Du sagst es, Big Willy. Ein junges Bürschlein aus der Zone. Hat gerade auf Lebenszeit unterschrieben.
Famos, famos, mein lieber Mende. Wieder einer mehr, der uns ein Leben in Saus und Braus bezahlt. Ha, ha, ha, ha…
FDP
Diese Gauner, diese Lumpen. Sie haben mich reingelegt. Das ist hier gar kein Detektivclub, sondern ein ganz gemeiner Haufen. Aber, wieso höre ich die Betrüger so deutlich, als ob sie hier im Raum wären?
So also entdeckt der junge Genscher sein Supergehör. Aber warum erst jetzt, im Alter von immerhin schon 25 Jahren? Die Erklärung liegt auf der Hand: Nur eine Vertragsverletzung konnte Genschers Superfähigkeit aktivieren, die ihm bis dahin selbst verborgen gewesen war. Erst der schmutzige Trick des MENDE macht sie ihm bewußt. Doch was nützt das beste Gehör, er bleibt trotzdem F. D. P.-Mitglied. Auf Lebenszeit!
und blind!
Denen wird das Lachen noch vergehen. Ich schwöre, ich mach' aus dieser korrupten F. D. P. eine Superheldenpartei. So wahr ich Hans-Dietrich heiße.
Knallkopp!
Paß doch auf, Junge!
Liebe Mitbürger und Mitbürgerinnen. Was Sie eben gesehen haben, war erst der Anfang. Von nun an werde ich die Schwachen schützen und die Gemeinen bekämpfen. Wenn Sie in Not sind, wenden Sie sich ruhig an mich, Hans-Dietrich Gen…
Ha, ha, ha, ha, ha
Süßer, willst Du nicht mit mir segeln gehen? Deine Ohren wären ideal.

Tagsüber muß Genscher Fronarbeit für die Partei leisten, ...
Genscher, bringen Sie doch einmal den Subventionsschwindelordner.
... nachts kämpft er weiter verzweifelt gegen Vertragsverletzungen.
Es ist drei Minuten nach zehn, hören Sie sofort mit dem Krach auf. Das verstößt gegen den Mietvertrag.
Miet ver trag
Hilfe, ein Elefant!
Ha, ha, ha, ha
Das ist ja er. Ich sollte mich schämen.
In seiner Not sucht Genscher Hilfe beim SCHEEL, dem einzigen echten Superhelden der Partei. Alles, was er mit seinen güldenen Händen berührt, verwandelt sich in eitel Wohlgefallen.
Was mach' ich bloß falsch. Immer, wenn ich für die Gerechtigkeit eintrete, werde ich ausgelacht.
Es sind wohl deine Ohren. Wenn du die Leute beeindrucken willst, trag eine Maske, die sie verbergen. So wie ich.
Du trägst eine Maske, SCHEEL?
Ja glaubst du denn, das hier wäre alles echt?
Geheimnisvoller Maskenmann rettet Dackel Purzel vor Apo-Mob.
Neues vom Ohrenmann: Der rote Erik hinter Schloß und Riegel.
Der Maskierte schlägt wieder zu: Vier Hippies zwangsfrisiert.
Endlich weiß Genscher, was er zu tun hat: Ein Superheldenkostüm muß her.
Jetzt lacht niemand mehr, im Gegenteil: Tag für Tag melden die Zeitungen seine Heldentaten.

Die Zeiten der Schmach sind für Hans-Dietrich Genscher endgültig vorbei. Der SCHEEL hat die alten Gauner aus der Partei gejagt. Auf einem geheimen Treffen in Freiburg hat er die REFORM verkündet. Nach außen wird die Partei weiter als F. D. P. auftreten, in Wirklichkeit aber als die GERECHTIGKEITS-LIGA arbeiten. Superhelden aller Parteien sind hier willkommen. Und der Einfluß der LIGA wächst: Superheld SCHEEL tarnt sich als Minister des Äußersten, Genscher wird Minister des Innersten. Überall ist er nun im Einsatz.
BONNER PERSONENSCHIFFAHRT
KASSE
Hier rettet GENSCHMAN
Hier rettet GENSCHMAN
Hier rettet GENSCHMAN
Hier rettet GENSCHMAN
Bald kennen die Pressefritzen den Namen des Maskierten. Überall hinterläßt er sein Ohrensignet. Darunter ein Wort, das in der Unterwelt nur geflüstert wird: GENSCHMAN.
Niemand kann GENSCHMAN mehr hindern, unbarmherzig für die Gerechtigkeit einzutreten. Als Minister des Innersten baut er eine Anlage, die er als GENSCHMAN zur Verbrechensbekämpfung nutzt. Stolz führt er SCHNAUZE, dem Boß der GERECHTIGKEITSLIGA, in der GENSCH-CAVE seine neue Superwaffe vor.
Den da? Nie im Leben!
Mit dieser perfekten Verbrechensbekämpfungsanlage kontrolliere ich die ganze REPUBLIK. Ich sehe nicht nur alles, ich kann auch überall eingreifen. Hier habe ich den dümmsten Halbstarken des Landes.
Ich könnte sogar ihn zu einem überzeugten Liberalen und Superhelden machen! Wetten?
Wie heißt du?
Jürgen Möllemann.
Du bist der dümmste Halbstarke der REPUBLIK. Stimmt das?
Ja, das stimmt wohl.
Ab jetzt bist du der Superadept MÖLLEMAN, mein Mann fürs Doofe.
Danke, GENSCHMAN.
Ein kurzer Druck auf die Teleportiertaste, schon steht der Raudi Möllemann in der GENSCH-CAVE. Eine kleine Gehirnwäsche – wo nichts ist, braucht nicht lange gewaschen werden –, und: SCHNAUZE kommt aus dem Staunen nicht mehr heraus. Paß bloß auf, SCHNAUZE, bald wirst du dich noch mehr wundern …

Die perfekte Verbrechensbekämpfungsanlage und anderes Superheldengerät kostet die GERECHTIGKEITSLIGA Milliarden. Doch der gewiefte GENSCHMAN weiß, wie er das Geld wieder hereinbekommt. Er nutzt seine Maschine, um den Superverbrechern der REPUBLIK riesige Summen abzupressen. Ohnmächtig müssen diese Gauner zusehen, wie sie „freiwillig" die Arbeit der LIGA finanzieren. Doch ihr Geld ist schmutzig. Darum muß es in einer von GENSCHMAN gebauten Anlage gewaschen werden. Superheld PROTHESE leitet das Unternehmen, dem sich auch MÖLLEMAN mit Feuereifer widmet. Ja, er macht sich, unser Superadept, auch wenn ihm manchmal noch dumme Fehler unterlaufen.
Spedition BRAUCHITSCH
Darf ich die Hunderter kochen?
Hunderter nur bei 60 Grad, du Nichtsnutz.
Also abgemacht, du wirst ab sofort zum Herrscher über die Zeit befördert. KATHETERMAN wird dein Nachfolger.
Damit bin ich nach Einstein auch Herr über den Raum, du Depp, also über das ganze Universum. Dann werd' ich's überall orgeln lassen.
Geht klar, GENSCHMAN!
GENSCHMAN scheint jetzt endlich am Ziel. Die GERECHTIGKEITS-LIGA, der Zusammenschluß aller Superhelden der Republik, regiert das Land, die Verbrechensbekämpfungsanlage arbeitet auf Hochtouren, in den Kassen klingelt das Geld. Doch der Chef der GERECHTIGKEITSLIGA, der gefürchtete SCHNAUZE, ist zu einem Sicherheitsrisiko geworden. Über Nacht ist er von einer schrecklichen Krankheit befallen worden: Bildungsfimmel. Gerechtigkeit und Vertragsverletzungen sind ihm mit einem Mal egal. Für die Milliarden der PROTHESE will er Orgeln und Klaviere kaufen. GENSCHMAN muß die LIGA vor diesem Wahnsinnigen retten.
Ich bring' dich um, GENSCHMAN.
Reingefallen, SCHNAUZE. Jetzt sitzt du hinter dem Schreibtisch eines Käseblättchens und mußt auf Geheiß der HIPPE dein 36. Porträt über Königsberg schreiben. Das kommt davon, wenn man nur noch ans Orgeln denkt.
SCHNAUZE
DIE ZEIT

FANG DAS HIRN

Für 2–4 Personen ab 6 Jahre

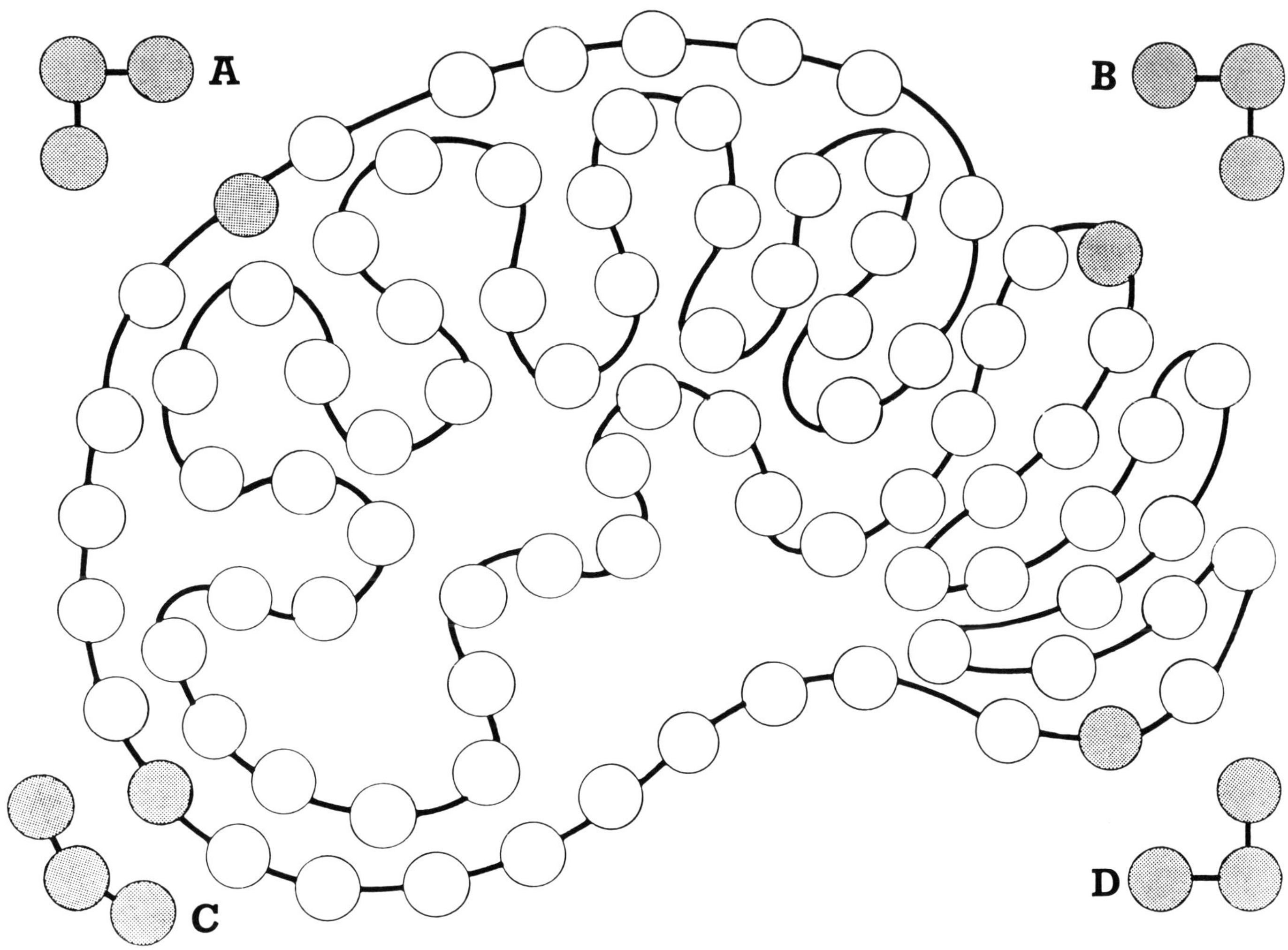

Spielvorbereitungen

Legt diese Seite auf einen A3-Kopierer und vergrößert sie um 158%. Ihr erhaltet dann das original Hirnfeld. Dann muß jeder Mitspieler 2 Walnüsse knacken. Die so gewonnenen 4 Hälften sind „Spielhirne". Drei davon werden ins Häuschen (A, B, C oder D) gesetzt, eins behält jeder bei sich, als „Einsatz".

Spielanleitung

Zuerst wird reihum 1x gewürfelt. Wer die Zahl würfelt, die am nächsten an der Neuverschuldung der BRD dran ist, beginnt, und darf ein Spielhirn auf den dunklen Punkt raussetzen. Ziel ist es, so schnell wie möglich durch die schauerlichen Gehirnwindungen des WAIGEL und wieder an den Ausgangspunkt zurückzukommen. Gleichzeitig versucht man, die Megamitspieler zu vernichten und deren Spielhirne, so oft es geht, zu schlagen, damit sie wieder von vorne an „denken" müssen. Hat man das verbrecherische Hirn einmal umrundet, ohne rausgeworfen worden zu sein, darf man die Walnuß, pardon, das Spielhirn aus dem Spiel nehmen. Wer zuerst alle drei Spielhirne ins Trockene gebracht hat, gewinnt und darf die Hirne der Gegner aufessen und damit seine geistige Kapazität vervielfachen.

ABITUR der KRÖTE, das. Sagenumwobene Reliquie, deren Aussehen allerdings unbekannt ist. Wegen seiner Durchschnittsnote von 6,66 besitzt das **ABITUR** magische Kräfte, die sowohl zur Heilung von Krankheiten (→ **KATHETERMAN**) als auch für das perfekte Verbrechen eingesetzt werden können. Zur Zeit befindet sich das **A.** leider im Besitz des → **C.S.U.**, der damit eine interplanetarische Verblödungskampagne vorbereitet → **STUDENTENPLANET**.

ANSTALT für GEISTESKRANKE SUPERVERBRECHER, die. Riesige, stark befestigte Anlage bei Wackersdorf. Dient als Umerziehungs- und Besserungsanstalt für die Mitglieder des → **C.S.U.**. Leider gelingt einzelnen Mitgliedern immer wieder die Flucht → **WAIGEL**, → **NIEGEL**, → **TANDLER**, → **STOIBER**, → **MIKROBE**, → **STREIBL**.

BANGEMAN, Superheld. Der hungrigste Mensch des Universums. Um zu überleben, muß er täglich mindestens 20000 kal zu sich nehmen.
Wird deshalb die meiste Zeit in einem Spezialgebäude in Brüssel aufbewahrt.
Dort arbeitet **B.** auch nebenberuflich bei einer Firma, die mit der Vernichtung von Lebensmitteln beschäftigt ist. **B.** wechselt selten den Ort, nimmt aber gerne an Schaufressen teil, vorzugsweise gegen → **KARTOFFEL**. Die → **GERECHTIGKEITSLIGA** setzt **B.** hauptsächlich zur Problemvertilgung oder zur Fixsternentfernung ein.

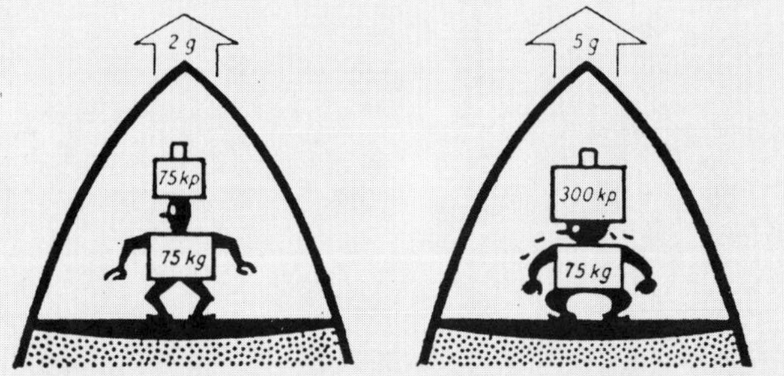

C.S.U., der. Abk. f. »Club der Schwerverbrecher und Usurpatoren«.
Das Motto des »ehrenwerten« Vereins lautet: »Ein Tag ohne Verbrechen ist ein verlorener Tag«. Hauptaufenthaltsort der meisten Clubmitglieder ist glücklicherweise die → **ANSTALT für GEISTESKRANKE SUPERVERBRECHER**. Hin und wieder gelingt jedoch einigen die Flucht (→ **Waigel**). **C.S.U.**-Mitglieder müssen aufgrund ihrer Molekularstruktur stündlich große Mengen Alkohol zu sich nehmen und sind deshalb fast niemals im Besitz einer gültigen Fahrerlaubnis (→ **NIEGEL**).

GENSCHMAN, Superheld und Schrecken der Unterwelt. Wird von der → **GERECHTIGKEITSLIGA** zur Lösung aller Probleme des bekannten Universums eingesetzt. Kann mit Hilfe seines phänomenalen Gehörs jede Vertragsverletzung auf der Erde wahrnehmen. Verfügt über eine Reihe hochentwickelter Spezialgeräte, die ihm seine schwere Tätigkeit erleichtern (→ **GENSCHMOBIL**, → **GENSCHBELT**, → **GENSCHOFON**, → **GOLDENE NETZKARTE**, → **MÖLLEMAN**, → **GENSCHGIRL**).

GENSCHMOBIL, das. Fahrzeug von → **GENSCHMAN**. Mit Super-Extras: indirekte Handschuhfachbeleuchtung, Höhenmesser, wiederverschließbarer Verbandskasten, eingebautes → **GENSCHOFON** mit Wahlwiederholungstaste und Scheibenwaschanlage mit Zielautomatik und Motivsucher. In den überdimensionalen Außenspiegeln kann **GENSCHMAN** jeden Verfolger um drei Ecken herum beobachten. Einziger Nachteil: Das **G.** paßt in keine Autowaschanlage.

GERECHTIGKEITSLIGA, die. Gemeinnützige Organisation zur Lösung aller Probleme. Wird ausschließlich durch Spenden finanziert.

GRAB der KRÖTE, das. Wallfahrtsort aller Schurken, Verbrecher und Lumpen des Landes. Lage: z.Zt. Rott am Inn. Dort wird in einer verpesteten Gruft das Hirn der → **KRÖTE** aufbewahrt. Mitglieder des → **CLUBs der SUPERVERBRECHER und USURPATOREN** laden am G.d.K. in regelmäßigen Abständen ihr kriminelles Energiepotential auf.

HOTEL ZUR POST, das. Auch als »Gasthaus des Schreckens«, »Spelunke des Bösen« oder »Hotel zum blutigen Knochen« bekannt. Versammlungsort und Schaltzentrale des → **C.S.U.**
Im Tiefgeschoß des **H.Z.P.** befindet sich das → **MUSEUM**, in dem sämtliche inneren Organe der → **KRÖTE** sowie die umfangreichste Erpresserkartei des Sonnensystems untergebracht sind.

KARTOFFEL, Superschurke. Mitglied des → **C**lubs der **S**uperverbrecher und **U**surpatoren. Tarnexistenz: Minister des Landwirtschaftlichsten. Kämpft seit Jahrzehnten gegen → **BANGEMAN** um den Titel des »Gefräßigsten Mannes des Universums«. Lebt tagsüber in einer alten Kiste oder im **HOTEL**. Geht nur in der Dunkelheit seinem gefräßigen Treiben nach. Verfügt über ca. 100 Sehorgane, fängt bei Gefahr an zu keimen.

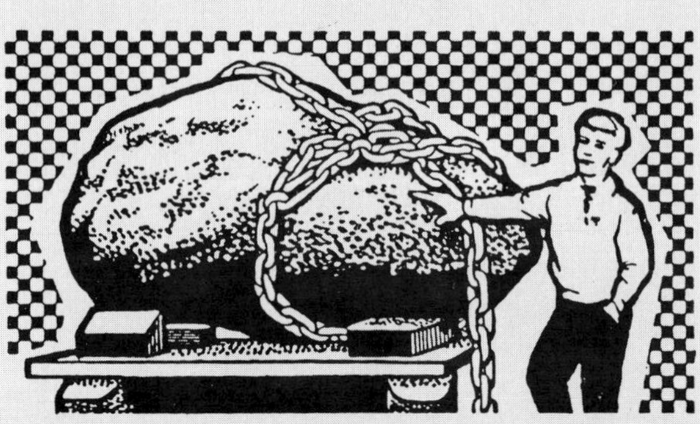

KATHETERMAN, Vorsitzender der → **GERECHTIGKEITSLIGA** und intellektueller Kopf der Organisation. Verfügt über das zweite Gesicht. Seine Visionen werden im → **INFUSIONSBEHÄLTER** für die anderen Mitglieder der → **GERECHTIGKEITSLIGA** sichtbar. Wurde zur Verbesserung des visionären Potentials von → **RIESENHUBER** an der Prostata operiert. Dämmert seitdem in tiefster Agonie dahin. Könnte durch das → **ABITUR DER KRÖTE** geheilt werden.

KRÖTE, die. Schrecklichste Geißel der Galaxis. Hat zum Glück im letzten Jahr seine menschliche Gestalt verloren. Existiert trotzdem weiter – in einem Paralleluniversum und durch seine Kreatur, den → **WAIGEL**. Ebenso wie den → **WAIGEL** erschuf die **K.** aus ihrem eigenen Blut die Megaverbrecher → **TANDLER**, → **STOIBER**, → **STREIBL**. Durch Zellteilung entwickelten sich außerdem der → **FROSCH**, der → **LURCH** und die → **QUALLE**. Die kriminelle Energie dieser Mutanten ist z. Zt. noch schwach. Sie werden deshalb im Auftrag der → **GERECHTIGKEITSLIGA** von → **PILLERWOMAN** bekämpft. Eine alte Weissagung behauptet, daß die **KRÖTE** eines Tages wieder aus der Hölle auf die Erde emporsteigen wird, um dann für alle Zeiten die Herrschaft des Bösen zu installieren (→ **PRIVATFERNSEHEN**).

MISCHNICK, die. Schwerer Raumkreuzer. Flagschiff der liberalen Gerechtigkeitsflotte.

MÖLLEMAN, Superadept und Kandidat der → **GERECHTIGKEITSLIGA**.
Arbeitet z. Zt. noch als Kellner im LIGA-Casino. Hat bereits mehrere Aufgaben zur Unzufriedenheit der → **GERECHTIGKEITSLIGA** ausgeführt (→ **STUDENTENPLANET,** → **BIERHOLEN**).

QUOTENWOMAN, Superheldin. Trägt allein durch ihre Anwesenheit zur Verbesserung des Betriebsklimas in der → **GERECHTIGKEITSLIGA** bei. → neue Gardinen → bißchen nett einrichten.

RIESENHUBER, fanatischer Bastler und genialer Erfinder. Konstrukteur des → **GENSCHMOBILS**, → **GENSCHBELT** etc. Führte allerdings auch die verhängnisvolle Prostataoperation an → **KATHETERMAN** aus. Die überdimensionierte Fliege ist in Wirklichkeit ein hochentwickelter Elektronenrechner, der direkt mit **R.s** Hirn in Verbindung steht.

SCHEEL, Supergruppe, in der sich die besten Musiker, Sänger und Texter des Universums zusammengeschlossen haben. Der Name **SCHEEL** erinnert an einen real existierenden ehemaligen Superhelden, der in den 70er Jahren als der **WALTER** Furore machte. Beherrschte die Fähigkeit, an einem Abend auf 8 Stehpartys und Empfängen gleichzeitig anwesend zu sein – wurde deshalb aus der → **GERECHTIGKEITSLIGA** ausgeschlossen.

SCHLESIERTREFFEN, das. Jährliche Zusammenkunft sämtlicher Monster, Mutanten und künstlichen Nichtintelligenzen (→ der **WAIGEL**).

SCHNAUZE, ehem. Superheld. Hatte von 1974–82 den Vorsitz der → **GERECHTIGKEITSLIGA** inne. Anschließend Herrscher über die → **ZEIT**. Im Nebenberuf »Eldester STATESMAN« der → **REPUBLIK**. Mußte wegen einer verhängnisvollen Leidenschaft für Tasteninstrumente abgelöst werden. Nachfolger → **KATHETERMAN**.

SICHTBARE, der. Verfügt als einziges Mitglied der → **GERECHTIGKEITSLIGA** über keine Superkräfte. Sein bloßer Anblick führt jedoch bei seinen Feinden zur absoluten Paralysation.

STUDENTENPLANET, der. Eine Art von Paralleluniversum. Heimat quasihumanoider zweigeschlechtlicher Wesen, die sich allerdings weder geistig nooh körperlich selbständig ernähren können. Das besorgen der → **DOZENT**, die → **MENSA** und das → **BAFÖGAMT**. Bewohner des S. erhalten ermäßigten Eintritt in bestimmten Kinos, Hallenbädern und Jazzclubs des Sonnensystems.

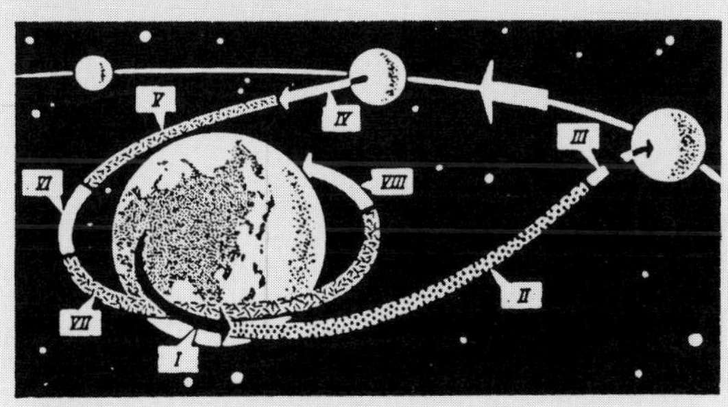

Die charakteristischen Abschnitte des Gesamtflugprogramms. I = Antriebsbahn ab Erde; II = Freiflugbahn; III = Bremslandung am Mond; IV = Rückstartbahn ab Mond; V = Freiflugbahn; VI = 1. Bremsmanöver; VII = erdnahe Umlaufbahn; VIII = Rückkehrbahn

TANDLER, der. Superschurke und Gründungsmitglied des → **C**lubs. Auch als »das feisteste Vieh jenseits von Beteigeuze 4« oder als »Killermops« bekannt. Der **T.** ist der Besitzer des schrecklichen → **H**otel **z**ur **P**ost. Dort mästet er sich selbst und die → **KARTOFFEL**. In seinem Schädel wurden Teile des Gehirns der → **KRÖTE** implantiert. Verfügt deshalb über keinerlei eigenen Willen aber eine übermenschliche Kriminelle Energie.

UNSICHTBARER, der. Superheld. Mitglied der → **GERECHTIGKEITSLIGA.** Genaue Identität unbekannt. Möglicherweise der → **SCHÄUBLE** oder der → **WARNKE.** Übernimmt hauptsächlich Aufträge im semilegalen oder schweinösen Bereich. (→ **GENSCHMAN** und das Wunder der Röntgenbrille, Folge 444)

WAIGEL, der. Widersacher von → **GENSCHMAN**. Größter Schurke des Planeten. Nach Ausbruch aus der → **ANSTALT für GEISTESKRANKE SUPERVERBRECHER** schwamm der Megalump durch die Abwässer einer Augenbrauerei. Daher sein Erkennungszeichen: riesige Augenbrauen! Ernährt sich durch negative Energiestrahlen aus dem → **GRAB der KRÖTE**. Der → **WAIGEL** ist praktisch unbesiegbar. Nur wer es schafft, ihm den Text seiner eigenen Reden vorzulesen, kann ihn vernichten (→ **SCHLESIERTREFFEN**).

ZONE, die. Bewohnt von den → **ZONENZOMBIES** und den → **PASTOREN.** Wollen es auch gut haben.

DAS GENSCHMAN SILBENRÄTSEL

AB – AN – AU – BA – BRAU – BRE – CHER – DE – DEN – DER – DER – EN – ER – FEN – FERN – FÜR – GA – GE – GEI – GEN – GOL – HEN – ITUR – KA – KAR – KE – KEITS – KRAN – KRÖ – LI – MAN – NE – NET – NETZ – PER – PLA – PRI – RECH – RER – SCHLE – SE – SI – SICHT – STALT – STES – STU – SU – TE – TE – TEN – THE – TIG – TREF – VAT – VER

1. ______________________
(Heimatstern der Hochschulwesen)

2. ______________________
(Reliquie der „Geißel der Galaxis")

3. ______________________
(Erkennungszeichen des WAIGEL)

4. ______________________
(Heilstätte für Megalumpen)

5. ______________________
(Manifestation der endgültigen Krötenherrschaft)

6. ______________________
(GENSCHMANs Anti-Raum/Zeit-Gerät)

7. ______________________
(Bund der Superhelden)

8. ______________________
(Koalitionsmitglied ohne Superkräfte)

9. ______________________
(Leitheld der Koalition)

10. ______________________
(Jahresfest der Monster und Mutanten)

DIE GENSCHMAN-ANAGRAMME

Wieder schlug der WAIGEL zu! Mit seinem verbrecherischen Anti-Sequenz-Gerät hat der schändliche Schurke die Namen unserer Superhelden und Megalumpen verdreht, um Chaos und Wirrnis zu stiften.
Hilf GENSCHMAN in seinem unermüdlichen Kampf für Völkerverständigung und lexikalische Sicherheit! Löse das Rätsel! (Ö = OE)

Ost-Brei
Greisenhandschtreich
Geil, wa?
h.c. Esel
Al Trend
Olle Ammen!
Les Brit
U. Hirn-Erbse
L. Genie
Teer? OK!

1. Der größte Schurke des Planeten
2. Ein fanatischer Superbastler
3. Die Geißel der Galaxis
4. Megalump ohne gültige Fahrerlaubnis
5. Megalump ohne Körper
6. Nachfolger im Amt der Geißel der Galaxis
7. GENSCHMANs kleiner Freund und Helfer
8. GENSCHMANs Geheimidentität
9. Supermusikgruppe
10. Megalump aus dem Blut der Geißel der Galaxis

GENSCH MAN
Ich muß sie aufhalten!
Folge 754
gegen die
ZONEN-ZOMBIES
Als er noch fast ein Kind war, wurde er von falschen Freunden zu einer großen Dummheit verleitet. Daher hat er sein Leben einem Ziel gewidmet: Das Böse zu bekämpfen und falsche Freunde zu vernichten! Heute ist er ein Superheld, vor dem Schurken und Vertragsverletzer in aller Welt erzittern.
WESTEN
Ist GENSCHMAN verrückt geworden? So ein Wahnsinnssprung kurz nach seinem Ohrinfarkt. Warum hat er es so eilig? Beruhigt euch, Freunde, GENSCHMAN weiß, was er tut. Wenn er sein Ziel nicht rechtzeitig erreicht, gibt es eine Katastrophe, denn das Böse und seine Legionen sind wieder unterwegs...

Ein kleiner Marktplatz in Köpenick, einem Bezirk von Ost-Berlin, der Hauptstadt der ZONE. Normalerweise ist um diese Tageszeit niemand auf der Straße. Die Bewohner der ZONE müssen den PLAN erfüllen. Normalerweise gibt es auch keine Bananen in der ZONE. Doch heute ist alles anders. Denn der Superverbrecher WAIGEL ist in der Stadt. Und er hat einen teuflischen Plan. Nachdem es ihm in der letzten Folge (siehe TITANIC 9/89) nicht gelungen war, die Ostgrenze zu verschieben, will er jetzt einfach alle Bewohner der Ostgebiete in den Westen verschicken. Denn hat man erst das Volk, gehört einem auch bald der Raum, spekuliert der schurkische WAIGEL.
Es gibt nur ein Problem. Die ZONE wird nämlich von dem SEKRETÄR regiert. Ein Semihumanoide – eine Maschine mit menschlichem Aussehen. Die Maschine wurde etwa 1949 konstruiert und funktioniert seitdem praktisch reibungslos. Immer, wenn die menschliche Hülle abstirbt, wird sie durch eine neue ersetzt. Der SEKRETÄR sorgt dafür, daß niemand die ZONE verlassen will, denn die ZONE ist das Paradies der Arbeiter und Bauern. Nur eins gibt es in der ZONE nicht: Bananen. Und die hat der WAIGEL. 16 Millionen Bananen, für jeden Bewohner der ZONE eine. Begeistert greifen die ZONEN-Bewohner zu. Schreckensbleich und ratlos beobachtet MÖLLEMAN, GENSCHMANs treuer Helfer, das Treiben des wahnsinnigen Schurken.
Etwa 600 km weiter westlich genießt Hans Dietrich Genscher, nebenberuflich Minister des Äußersten, gerade eine Tasse Kaffee. Babs, Genschers attraktive Frau, kümmert sich um die Arbeitskleidung ihres Mannes. Da bewegt sich etwas am Fenster.

Während MÖLLEMAN seinem Chef Bericht erstattet, ist der WAIGEL längst aus der ZONE verschwunden und ... Ja, was macht er da eigentlich? Der WAIGEL zerschneidet einen Stacheldrahtzaun – ist er jetzt zum Viehdieb geworden? Von wegen – der WAIGEL erwartet Besuch aus der ZONE. Nicht weniger als 16 Millionen Besucher erwartet der Superschurke, und die sollen nicht unnötig aufgehalten werden. Deshalb zerschneidet der WAIGEL den ungarisch-österreichischen Grenzzaun. Doch wie kann der WAIGEL so sicher sein, daß der Besuch auch kommt? Ganz einfach: jeder Bewohner der ZONE hat eine Banane gegessen. Und die Bananen waren vergiftet. Mit „Emigrin", einer hochwirksamen toxischen Substanz. Wer sie zu sich nimmt, verspürt sofort den Drang, die ZONE zu verlassen und über die CSSR, Ungarn und Österreich in die REPUBLIK zu wandern. „Emigrin" macht außerdem süchtig. Wer von WAIGELS Bananen gegessen hat, will immer wieder welche essen und Bananen gibt es nur in der REPUBLIK. Deshalb ist sich der WAIGEL seiner Sache auch so sicher. Meckernd lacht er in sich hinein. Diesmal wird ihm GENSCHMAN nicht zuvorkommen. Die Erde erzittert bereits unter den Fußtritten der ZONEN-ZOMBIES und die Luft ist erfüllt von ihrem schaurigen Gesang: „BA-NA-NEN, BA-NA-NENNN ..."

Nur noch wenige Sekunden, dann werden sie die Grenze überrennen. Aber was ist das? Ein gelb-blauer Pfeil schießt durch die Luft ... doch nicht etwa? GENSCHMAN! Mit seinen Superohren hat er natürlich die Grenzverletzung des WAIGEL sofort geortet. Und gehandelt. Hilflos und entsetzt muß der WAIGEL mitansehen, wie GENSCHMAN den Grenzwegweiser im letzten Moment herumwirft. Der Treck der ZONEN-ZOMBIES wechselt die Richtung und marschiert weiter Richtung Südosten. Dort wo der CEAUSESCU bereits auf sie wartet. Die REPUBLIK ist wieder einmal gerettet, ihre Bürger werden auch weiterhin genug Bananen zu essen haben. Danke, GENSCHMAN! Doch was wird mit dem CEAUCESCU passieren, wenn die ZONENZOMBIES kommen? Die Antwort gibt Folge 761 ‚Der ILLIESCU-Clubû schlägt zurück'. Unbedingt lesen!

Wie stellt ihr euch die Bundesregierung vor?

So fragten wir in unserer letzten Ausgabe und riefen euch zu einem großen Mal- und Bastelwettbewerb auf. Teilnahmeberechtigt waren Kinder von 3–10 Jahren, und erlaubt war eigentlich alles. Ob Collage, Knetfiguren, Zeichnungen oder auch Fotos – Hauptsache wir konnten erkennen, wer gemeint war. Und da müssen wir euch gleich ein dickes Lob spenden. Kinder, ihr wart großartig. Über 10 000 brauchbare Einsendungen haben wir erhalten (unser armer Briefträger mußte 3–4mal am Tag kommen), das hätten wir nie erwartet. Klar, daß die Jury es da nicht leicht hatte. Jede Einsendung mußte genauestens studiert und begutachtet werden. Jetzt liegt das Ergebnis vor, und hier sind, täterätätätschingbumm, die stolzen Gewinner:

1. Preis

(Eine Reise nach Disneyworld)

Der Hauptgewinn geht an Thomas Goepel (6) aus Mammolsheim. Er hat Außenminister Genscher aus Knetmasse geformt. Thomas schreibt uns: „Jeden Abend schaue ich unter meinem Bett, ob da der böse WAIGEL liegt, aber der traut sich wohl nicht mehr hierher, weil ich GENSCHMAN auf meinem Nachtisch stehen habe."

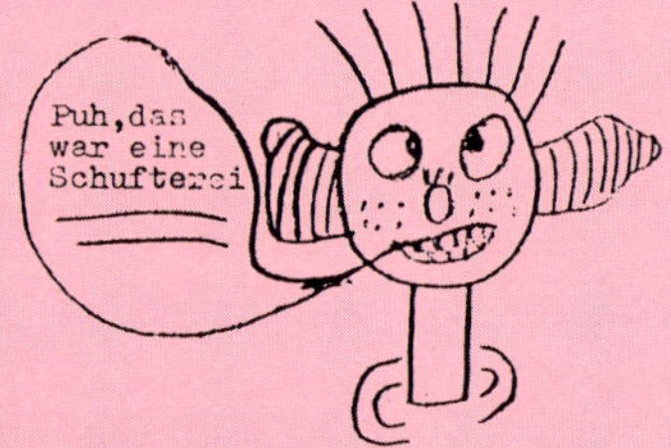

Den

2. Preis

(1 Mountainbike)

gewinnt Eva Ludwig (10) aus Quakenbrück. Eva hat den Bundesfinanzminister aus Götterspeise modelliert. Die markanten Augenbrauen sind übrigens mit schwarzer Schuhcreme gefärbte Nudeln. Ideen muß man haben!

Den

3. Preis

(Einen Riesensuperhelden-baukasten)

bekommt Hans Riebsamen (7) aus Barnhausen. Sein ungewöhnliches Bild stellt Bundesinnenminister Schäuble dar und der begabte junge Künstler sagt dazu: „Das ist ein Foto vom UNSICHTBAREN, das ich in einem Tunnel und bei Nacht gemacht habe. Deshalb sieht man ihn auch nicht."

Der

4. Preis

(Ein Dreirad mit Solarantrieb)

geht an Hartwiga Fertsch-Röver (9) für ihr schönes Bild vom Bildungsminister. Sie sagt: „Für mich und meine Freundin Deborrah ist MÖLLEMAN nichts anderes als ein Haufen Scheiße. Ich wette, ihr traut euch nicht, so was zu drucken!" Doch, Hartwiga, wir trauen uns, schließlich leben wir in einer Demokratie.

Den

5. Preis

(1 illustrierte Ausgabe des Tibetanischen Totenbuchs)

erhält der kleine Gabor Gerlich (3) für seine eindrucksvolle Darstellung des verstorbenen bayerischen Ministerpräsidenten. Der Künstler verwendete für sein Werk übrigens einen alten Putzlappen, Tomatenmark und etwas Hausmüll. Gabors Vater schrieb uns: „Mein Sohn ist heilfroh, daß er in einer Welt aufwachsen darf, in der die KRÖTE nicht mehr die Luft verpestet."

Dieser Beitrag war für die Ausgabe 19/90 der Zeitschrift BUSSI BÄR vorgesehen. Auf Betreiben des Bundesbildungsministeriums wurden der fertig lithographierte Beitrag ebenso wie die gesamte BUSSI BÄR Redaktion abgesetzt. Verantwortlich für den Inhalt zeichnet seitdem Jürgen Möllemann persönlich. Anstelle der zensierten Seite erschien der Artikel „‚Ponyhof Möllemann' – Ein Minister zum Anfassen".

A/II 445–8/DZ

Privatarchiv Bettzuege

Mitschnitt Telefongespräch Minister/Frankfurt 19.4., 10.43 Uhr

Titanic-Redaktion.

Genscher hier, spreche ich mit Herrn Schmidt?

Am Apparat.

Wunderbar, freut mich sehr, Herr Schmidt. Ich wollte Ihnen schon immer mal persönlich sagen, wie sehr ich Ihre Arbeit schätze.

Vielen Dank, aber mit wem habe ich eigentlich die Ehre?

Genscher, Minister des ...

Äußersten? Nett, daß Sie mal anrufen.

Ich kann verstehen, wenn Sie mir nicht glauben, aber ich rufe in einer Angelegenheit von großer Dringlichkeit an. Sie haben meine Abenteuer bisher erstaunlich genau und einfühlsam dargestellt, obwohl Sie nie dabei waren, aber, ich glaube, wir könnten zu einer noch effektiveren Zusammenarbeit kommen...

Was für Abenteuer meinen Sie denn?

Warten Sie, ich will es kurz machen und Ihnen nicht kostbare Zeit stehlen, sicher arbeiten Sie schon an einer neuen Folge?

Jaja, das stimmt, aber...

Sehr schön, ich bin gespannt. Also, ich möchte Ihnen folgendes vorschlagen: Ich informiere Sie in Zukunft vorab über meine nächsten Abenteuer. Dann kann sich auch Ihr Zeichner besser vorbereiten und...

Wie meinen Sie das?

Ich will Ihnen keine Vorschriften machen, verstehen Sie mich recht, im Endeffekt entscheiden natürlich Sie, oder wahrscheinlich Herr Greser, nehme ich an, er legt ja wohl die Perspektiven fest?

Äh, ja, meistens...

Das dachte ich mir. Im übrigen hatte ich das Gefühl, Sie waren alle nicht so recht zufrieden mit meinem Abenteuer in Rumänien - jedenfalls habe ich vergeblich auf eine Folge gewartet.

???

Ich mache Ihnen ja keinen Vorwurf, Schuld ist natürlich der mangelnde Informationsfluß - Sie konnten selbstverständlich nicht ahnen, was ich dort geleistet habe...

Aber Sie waren doch nur zu einem reinen Erfahrungsaustausch in Rumä...

Sicher, für die Öffentlichkeit hat es so ausgesehen, aber in Wirklichkeit habe ich dort den CEAUCESCU erledigt. Das war eine verdammt harte Arbeit, wie Sie sich bestimmt denken können, Herr Schmidt, denn der CEAUCESCU war ja ein Monster, geboren aus dem Blut der KRÖTE...

Wollen Sie mich verscheißern?

Nein, ich möchte vielmehr enger mit Ihnen zusammenarbeiten, damit wir der Bevölkerung endlich ein objektives und wahrhaftiges Bild meiner Taten geben, damit wir den CLUB endgültig vernichten können. Nebenbei - Sie zeichnen den WAIGEL und auch den TANDLER viel zu harmlos, diese Zombies sind in der Realität weitaus schrecklicher und grauenerregender, als Sie das wahrscheinlich ahnen...

Jetzt mal ernsthaft, wer ist da eigentlich dran?

Ich bin es selbst, GENSCHMAN, oder Hans-Dietrich Genscher, wenn Ihnen das lieber ist. Warten Sie, ich stelle Sie durch zu Herrn Bettzuege, der wird Ihnen meine Identität bestä...

An dieser Stelle habe ich das Gespräch unterbrochen und die Ministerleitung abklemmen lassen. Erklärte ihm, wir hätten die Handwerker im Haus. War wohl mißtrauisch geworden. Unternahm jedenfalls keinen Versuch mehr, mit der Titanic-Redaktion zu telefonieren.

An Weihnachten denken – Gerechtigkeit schenken

Das Böse will die Welt zerstören! Da ist es gut zu wissen, wie das Böse eigentlich aussieht. Denn: Früherkennung rettet auch Ihr Leben! Im irren WAIGEL-Shop gibt es alles, was Sie zur Megaschurkenidentifizierung brauchen. Exclusiv bei TITANIC. Damit schützen Sie Ihren Leib, das Leben Ihrer Familie und das Abendland.

Seht die Augen, seht die Brauen,
der WAIGEL ist das nackte Grauen.

(dt. Volkslied)

Die machen Angst! Bereiten Sie Ihren Nachbarn und Kollegen die „Hölle auf Erden" mit den original **„WAIGEL-Brauen"**. Aus echtem Dachshaar. Kleben überall, haften sofort, für **DM 25,90. Best.-Nr. 661**

Wieder lieferbar: **WAIGEL-Reden!** Wenn der Superverbrecher die hört – zerfällt er zu Staub. Sofort! Todsicher. Pro Rede **DM 24,90. Best.-Nr. 667**

Unentbehrlich! **Der Werkzeugkasten** mit den 2 guten Seiten: links das Einbruchswerkzeug – rechts das Ausbruchswerkzeug. Enthält u.a., Universaldietrich, 18 falsche Bärte, Zaubertinte, Kreuzschlitzschraubenzieher und Augenbrauenkämme. Kugelsicher! Wanzenfest! **DM 99,90. Best.-Nr. 665**

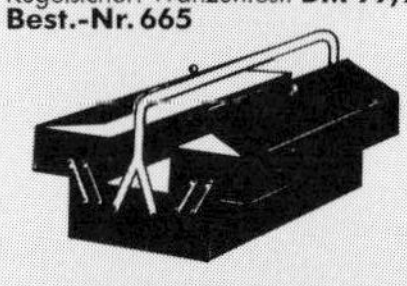

So wird Ihr Wagen politessenfrei – mit dem original **Superschurkenaufkleber** von TITANIC. Da macht die Polente einen Bogen um ihr Fahrzeug. Und das für nur **DM 5,90. Best.-Nr. 664**

Superschurken! Bundesweit gesucht! Bei uns ganz leicht zu finden. **Steckbrief-Set** mit 4 Megaverbrechern. Der WAIGEL, der TANDLER, der GAUWEILER und (Neu!) das STOIBER! DIN A1 für **DM 30,00. Best.-Nr. 660**

Das bringt Sie in Verbrecherlaune. Das **„GRAB der KRÖTE"!** Formschön als Seifenspender oder Bleistifthalter. Phosphoriszierend! **DM 49,90. Best.-Nr. 666**

Schon heute wissen, was die Megaschurken morgen vorhaben – das können auch Sie, wenn Sie TITANIC abonnieren, das Supersatiremagazin –, weltweit im Kampf gegen das Böse. Vom Bundesminister des Außersten empfohlen!

Liebe Mitbürger,

In meiner Eigenschaft als Bundesminister des Äußersten und Kämpfer in der **GERECHTIGKEITSLIGA** bitte ich Sie herzlich: Kaufen Sie die Produkte des **WAIGEL-Shop**. Denn der Gewinn kommt direkt der Megaschurkenbekämpfung zugute. Nämlich der **TITANIC**, dem Supersatiremagazin, mit dem ich eng zusammenarbeite. Wir werden gemeinsam den **C**lub der **S**uperverbrecher und **U**surpatoren zerschlagen. Damit die Menschheit eine Zukunft hat. Bitte helfen Sie mir dabei. Abonnieren auch Sie die **TITANIC**! Seien Sie wachsam.

Genscherman

Anzahl	Nummer		Preis DM
Versandkosten			3,50

Summe

Bestelladresse:

Titanic Postfach 36 04 40, 1000 Berlin 36

Georg Büchner Verlagsbuchhandlung

solange der Vorrat reicht!

Kleiner Versprecher mit großen Folgen

ap. Öffentlich entschuldigen mußte sich der CSU-Landesgruppenchef Wolfgang Bötsch für eine verbale Entgleisung seines Bundesfinanzministers. Dieser hatte während einer Aussprache über den diesjährigen Haushaltsentwurf der Regierung gefordert, angesichts der augenblicklichen Lage müsse man „eigentlich den gesamten Etat zur Verbrechensförderung einsetzen". Er wisse sonst nicht, „wie er seine Arbeit sinnvoll fortsetzen solle". Auf den Zwischenruf der Grünen-Abgeordneten Antje Voller, „Sie meinen wohl Verbrechens*bekämpfung*", hatte Theo Waigel mit „Das hätten Sie wohl gern" geantwortet. Zum Glück für den Finanzminister, der gesundheitlich nicht auf der Höhe schien, setzte der Ablauf der offiziellen Redezeit weiteren Entgleisungen ein gnädiges Ende.

Heute nun, nach nunmehr 4 Wochen, erfolgte die offizielle Entschuldigung aus der bayrischen Staatskanzlei. Im Wortlaut hieß es, selbstverständlich habe der Minister „Verbrechensbekämpfung" sagen wollen, und sei nur mit dem 3 Zeilen höher stehenden Wort Mittelstandsförderung „ins Gehege gekommen". Unter dem Gelächter der anwesenden Journalisten erklärte Bötsch weiterhin, daß der Minister keineswegs die Absicht habe, „die Herrschaft über das Universum an sich zu reißen", wie er angeblich im Anschluß an die umstrittene Debatte einem dpa-Journalisten erklärt haben soll. Theo Waigel sei vielmehr daran gelegen, die Neuverschuldung des Bundes unter 1% zu halten und eine „Sanierung der Bundesbahnfinanzen in die Wege zu leiten".

Jürgen W. Möllemann
Düsbergweg 99a
4400 Münster

3.10.90

Lieber Hans-Dietrich

Es schmerzt mich sehr, Dir diese Zeilen schreiben zu müssen, aber Dein Verhalten läßt mir keine Wahl. Vielleicht hast Du recht, und ich bin wirklich noch zu unerfahren für das „Äußerste". Aber nur, weil meine Frau und ich nicht mehr die Superheldenkostüme anziehen wollen, die Du uns geschenkt hast, kannst Du mir doch nicht die Zukunft verbauen. Sicher, wir sind zwei-dreimal verkleidet bei euch zu Besuch gewesen – aber nur, um Dir eine Freude zu machen. Es ist aber eindeutig zuviel verlangt, wenn Du erwartest, daß ich ständig als „MÖLLEMAN" rumlaufe. Außerdem liegt mir die Rolle eines ewigen Versagers gar nicht. Ich bin kein „Superadept", sondern ein ernstzunehmender Minister. Das sehen alle in der GERECH Regierung so – nur Du nicht. Und warum darf ich Dich nicht mehr besuchen, bevor ich nicht das „Akten der Kröte" gebracht habe? Weißt Du überhaupt, was das ist? Das sind doch nur Phantasien aus miesen Schundheftchen. Bitte, Hans-Dietrich, hör auf damit, sonst muß ich Dir die Freundschaft aufkündigen. Mit herzlichen Grüßen (auch von Carola)

Dein Jürgen W.

A/II 445–8/DZ

MERCEDES-BENZ

Autohaus
Gebr. Ommes & Söhne GmbH
Vertragswerkstatt der Daimler-Benz AG
für Personenwagen und Transporter

Mercedes-Benz-Personenwagen, -Transporter
Ersatzteile und Zubehör, Kundendienst und Reparatur

Aachener Straße 34–36, 5300 Bonn 1
Telefon (0228) 788799

Autohaus Gebr. Ommes, Aachener Str. 34–36, 5300 Bonn 1

Auswärtiges Amt
z.Hd. Herrn Bettzuege
Adenauerallee 99-103
5300 Bonn

Bei Zahlungen und Schriftverkehr bitte angeben:

Rechnungsnr.	Konto-Nr.	Datum	Blatt
2/2462	001	24.8. 90	1

Typ	Amt. Kennzeichen	Telefon	km-Stand	Auftrags-Nr.
500 SE	BN-2	0228/171	22.583	09654/20.8.

Fahrzeug-Ident-Nr.	Motor-Nr.	Erstzulassung	angenommen durch
10816 10 001434	0002-4566-1121	2.6. 89	Omm

Arb.-Nr. AW			
32-0080/01	Gummilager am Stabilisator ern.	DM	32,18
41-0660/01	Einb. e. indirekten Handschuhfachbeleucht. incl. Dimmer	DM	3021,22
41-0550/03	Einbau Autotelefon (Übergröße)	DM	1255,31
41-0220/01	Einb. e. Flüssigkeitsbehälters u. e. Rohrsystems z. Flüssigkeitsabgabe a.d. Straße	DM	4322,40
32-0080/07	Olwechsel	DM	22,04

Anm. Die 23 weiteren vom Kunden gewünschten Umbaumaßnahmen können von unserer Werkstatt <u>nicht</u> vorgenommen werden. Aussenspiegel v. 85cm Durchmesser z.B, haben keinen erkennbaren Nutzen u. behindern andere Verkehrsteiln. Ein "um die Ecke gucken", wie vom Kunden erwartet, ist damit nicht möglich. Nummernschilder mit 4 verschiedenen Motiven ("vom Fahrer a. Knopfdruck z. bedienen") sind in der BRD nicht zugelassen. Das Auto mit Spiegelglasscheiben auszurüsten ist verboten! Einen "Außentemperaturregler" haben wir eingeb. (Schalter neben Heckscheib.hzg.) geben aber keine Funktionsgarantie. Den Behälter f. "Ohrenschmalz" haben wir im Kofferraum montiert, wir warnen aber davor, die Flüssigkeit (?) tatsächlich a.d. Straße zu leiten. Der "stufenlos a. Filterzigaretten verstellbare Zigarettenanzünder" befand sich bereits i. Fahrzeug. Einen "Straßenbelagstransmitter" als Nachrüstungsbausatz gibt es bei Mercedes (u. auch sonstwo) nicht!

Zwischensumme	Mehrwertsteuer	MWSt. Altteile	Auslagen		Rechnungsbetrag
8653,24	1211,45				9864,69

Zahlbar netto Kasse nach Erhalt der Rechnung

Postscheckkonto:
Postgiroamt Köln
(BLZ 50010060) 33362-607

Bankkonten:
Deutsche Bank AG
(BLZ 50070010) 2441517

Rechtsform: GmbH & Co., Sitz der Gesellschaft Bonn, Handelsregister: Bonn HRB-Nr. 14313, Geschäftsführer: Dr. Ingo Hornig

Protokoll der vorläufigen Abschlußsitzung vom 9.11.1990

(A b s c h r i f t)

TOP: Beschluß eines 3-Stufen-Plans

Anwesend: Adam-Schwaetzer, Bettzuege, Rühe, Seiters, Stoiber

Schriftführer: Riedenklau

Nach Durchsicht der vorgelegten Dokumente kamen die Mitglieder des Ausschusses zur Einsicht: Die Verfassung des Ministers gibt zu erheblicher Sorge Anlaß. Besonders das Telefongespräch mit der Titanic-Redaktion wurde als sehr schwerwiegende Entgleisung gewertet. Der sog. "WAIGEL-Shop", der, mit einem persönlichen Grußwort des Ministers versehen, eine Woche in allen deutschen Tageszeitungen (nach dem Willen Genschers und auf Kosten des AA) geschaltet werden sollte, wurde demgegenüber als minderschwere Verfehlung im Sinne eines Aprilscherzes gewertet. Allerdings wurde vom Ausschuß zur Kenntnis genommen, daß auch der Bundesfinanzminister vom "Heftchen-Virus" (Bettzuege) befallen scheint. Herr Stoiber versicherte aber glaubhaft, die Angelegenheit innerparteilich in den Griff kriegen zu können. Allgemeiner Konsens herrschte über die Einschätzung der Lage: Sie sei ernst, aber noch nicht hoffnungslos. Vordringlich sei jetzt vor allem die Durchführung des von Seiters und Bettzuege initiierten 3-Stufen-Plans, der wie folgt aussehen soll:

1. Den Minister von sämtlichen Gefahrenquellen so gut wie möglich abschirmen. Das bedeutet: Aufkaufen sämtlicher Kioskbestände der Titanic sowohl in der Umgebung des AA als auch an seinem Wohnort (Wachtberg-Pech, 2 Zeitungsläden!). Bei Reisen innerhalb der BRD, aber auch in Österreich oder der Schweiz ist ähnlich zu verfahren. Ein "Vorauskommando" müßte dann am Ankunftsort tätig werden. Die Einrichtung eines speziellen Radio- und Fernsehsenders sowie die Herstellung "bereinigter" Zeitungsausgaben für den Minister wurde vorerst abgelehnt.

2. Die Autoren der sog. "GENSCHMAN-Comics" zur Einstellung der Serie bewegen. Hierfür wurde dem Ausschuß ein Etat von 4,2 Mio DM zur Verfügung gestellt.

3a. Sollten die Autoren nicht auf das Angebot eingehen, darf eine Lösung "à la Herrhausen" (Seiters) keinesfalls ausgeschlossen werden.

3b. Als allerletzte Möglichkeit wird eine Ablösung des Ministers angesehen. In Anbetracht der bevorstehenden Wahlen und einer drohenden politischen Wende sei diese Möglichkeit nur als "absolute Notlösung (Rühe) anzusehen.

Der 3-Stufen-Plan wurde einstimmig von allen Anwesenden gebilligt und die sofortige Durchführung angeordnet. Der Untersuchungsausschuß "DUMBO" vertagt sich bis zum Vorliegen neuer Erkenntnisse auf unbestimmte Zeit. Über den Inhalt der Sitzung wurde absolutes Stillschweigen vereinbart.

Liebe Kinder,
Leider ist unserem Zeichner ein kleines Malheur passiert. Als er gerade nach einer Flasche Dünnbier greifen wollte (ein richtiger Zeichner hat nämlich immer etwas Dünnbier bei sich), warf er, pardautz, wie ungeschickt, ein Fäßchen Tinte um. Und die nichtsnutzige Tinte hatte natürlich nichts Besseres zu tun, als sich fast über die ganze Seite zu verteilen. Doch zum Glück für Euch war es nur Zaubertinte und die kann man ganz einfach entfernen. Ihr müßt die aufgeschlagene Seite mit Nuß-Nougatcreme einstreichen (aber nur die unsichtbaren Stellen, sonst ist alles umsonst) und gut trocknen lassen. Dann das Buch wieder zuschlagen und im vorgeheizten Backofen 25 min bei 220° ausbacken, kurz im lauwarmen, mit „PLANTSCHI" angereicherten Badewasser abschrecken und schon seht ihr die ganze Seite wieder vor euch. Aber Vorsicht: Bei Verwendung von „Käpt'n Nuß", „Nußpli" oder „Nutoka" können leichte Irritationen im Rotbereich auftreten. Deshalb nur „Nutella" benutzen – es lohnt sich.

GENSCHMAN
DER STOFF, AUS DEM DIE SUPERHELDEN SIND
Großes Unheil hat der Club der Superverbrecher und Usurpatoren auch in diesem Jahr wieder auf der Erde verbreitet. Doch kurz vor Weihnachten sind die Schurken wieder da, wo sie hingehören: in der ANSTALT FÜR GEISTESKRANKE SUPERVERBRECHER. Ihr erinnert Euch: mit GENSCHMANs Hilfe konnten in Folge 755 die beiden letzten freilebenden Megalumpen, der schreckliche WAIGEL und der TANDLER, verhaftet und in Zwangsjacken gesteckt werden. Unser geschundener Planet konnte endlich wieder aufatmen, denn die ANSTALT liegt tief unter der Erde von Wackersdorf – durch meterdicke Betonmauern geschützt. Hier sind die Verbrecher gut aufgehoben.
24 Stunden verbringen die Kreaturen der KRÖTE* zusammen, machen Geduldspiele, fertigen mundgemalte Bilder an, oder spielen immer wieder traumatische Schlüsselszenen aus ihrem Leben nach. Der altersschwachsinnige ZIMMERMAN zeigt dem apathischen STREIBL bis zu zwanzig Mal in der Stunde, wie er den Führerschein verlor, während die manisch-kretinoide KARTOFFEL von der Übersiedlung seiner Artgenossen aus dem Ostblock deliriert. Dazu noch das STOIBER**, ein Monster, bei dessen Anblick sich leicht der Magen umdreht. So muß es in der Hölle sein, wenn man sich das Fegefeuer einmal wegdenkt. Kein Wunder, daß den Superverbrechern die wahnwitzigsten Ideen durchs Hirnkastl rauschen …

Folge 756
ABT. HOFFNUN SLOSE FÄLLE
YAAK KARSUNKE OBERPFLEGER
Das wird sich bald ändern, so wahr ich der größte Superverbrecher des Planeten bin.
Wieso landen wir eigentlich jedesmal wieder hier, PETERMAN? Warum gewinnt die GERECHTIGKEITSLIGA immer?
Ein schwedischer Wissenschaftler, mein lieber TANDLER, hat festgestellt, daß die GERECHTIGKEITSLIGA regelmäßig einen bestimmten Stoff einnimmt, der ihren Mitgliedern Superkräfte verleiht.
* Was der **C**lub der **S**uperverbrecher und **U**surpatoren bisher alles angerichtet hat, könnt Ihr im GENSCHMAN-Sonderheft 3 „Die Kreaturen der KRÖTE" und im Sammelband „Die GERECHTIGKEITSLIGA vs. die KINDER DER KRÖTE" nachlesen (noch in Vorbereitung „PILLERWOMAN – der Kampf um das Gold der KRÖTE").
** Seitdem der „bedauernswerte" STOIBER den Machtkampf um die Führung des C.S.U. gegen den WAIGEL verloren hat (FOLGE 749), existiert er nur noch als semi-amorphe Erscheinung. Man erinnert sich: Im entscheidenden Channelhopping gegen den WAIGEL stürzt der STOIBER in den Transformationskanal PRO 7 und verflüssigt sich. Er wird **das** STOIBER. Seitdem setzt es der CLUB bei großangelegten Schleimaktionen ein.
Was meint der Superschurke damit? Sitzt er nicht in der sichersten Festung der REPUBLIK…???

Der schreckliche Brauenträger ist frei! Schon melden die Zeitungen die Katastrophe.
Die Helden der GERECHTIGKEITSLIGA ahnen noch nichts. Sie feiern Weihnachten im Kreis ihrer Familien. Nur die Einsamen der LIGA treffen sich wie jedes Jahr zum Fest bei GENSCHMANs. Der mächtige SICHTBARE, der sich zu Hause nicht mehr blicken lassen kann, der listige GNOM, der es leid ist, für seine ungeratenen Kinder den Weihnachtswichtel zu spielen, und natürlich MÖLLEMAN, der zum Familie gründen noch zu jung ist. Da klopft es an der Tür. BABS, GENSCHMANs Frau und Kampfgefährtin, fragt nach der Parole. Beruhigt hört das GENSCHGIRL die richtige Antwort: „Todenhöfer".

Der TODENHÖFER ist der LIEFERANT der GERECHTIGKEITSLIGA. Rastlos durchstreift er die hintersten Winkel der Erde, immer auf der Suche nach dem STOFF. Der wächst im afghanischen HINDUKUSCH am besten. Hier kämpft der LIEFERANT gegen die ROTEN. Sie wollen den STOFF in ihre Gewalt bringen. Aber der TODENHÖFER ist schlauer. In tausend Verkleidungen ergaunert er immer wieder etwas von dem geheimnisvollen Elixier. Für seine Freunde, für die GERECHTIGKEITSLIGA. Denn dem STOFF verdanken GENSCHMAN und seine Mitstreiter einen Teil ihrer Superkräfte. Der TODENHÖFER ist ein wichtiger Mann.

Aber wer sitzt da auf dem Sofa? Das ist doch nie im Leben der gerissene TODENHÖFER. Paßt auf, Superhelden! Seht ihr denn nicht die schrecklichen Brauen?

Zu spät. Statt neue Superkräfte zu tanken, kommen unsere Helden auf den HORROR. Teuflisch hallt das irre Lachen des grauenhaften WAIGEL durch das eben noch festliche Zimmer. Was ist mit GENSCHMAN? Warum ist er nicht hier?

Kling, Glöckchen, klingelingeling.
Ihr seid erledigt, Superhelden. Har, har.
Der Stoff war schlecht.
Die Farben, wo sind die Farben?
SICHTBARER, wo bist du?
GENSCHMAN hat Wichtiges zu tun. In POLEN, dem Reich des fettleibigen LECH. Dieser Supergauner hat sein Volk durch einen irrwitzigen Coup in grenzenlose Blödigkeit gestürzt. Die Polen müssen stündlich zum schwarzen Meteoriten beten (der „Madonna") und dem LECH sämtliche Gänsevorräte des Landes opfern. Nun ist der Winter hart und die armen Polen frieren. Nur GENSCHMAN kann ihnen richtig einheizen.
Nanu??
Ihr müßt den Thermostat einfach auf 6 stellen, dann wird's hier mollig warm.
He is bigger than the POPE.
Dank sei Dir, Väterchen GENSCHMAN.
GENSCHMANs Ohren nehmen nicht nur Vertragsverletzungen im Umkreis von tausend Kilometern wahr, mit ihnen kann er auch das Geschrei seiner Frau von jedem Punkt der Erde aus hören.

Die leichtsinnigen Superhelden liegen dahingestreckt vom STOFF des WAIGEL. Eine fürchterliche Vision hat sich ihrer bemächtigt. Schon beginnt sich die eklige KRÖTE durch die Hirnströme ihrer Opfer zu materialisieren.
ABITUR
Schnitt: 6,66
Nur noch wenige Sekunden, dann ist der schreckliche Alpdruck wieder Wirklichkeit, das Ewig-böse Herrscher der Welt – und drei Mitglieder der LIGA sind nur noch willenlose Zombies. Da kommt, herbeigerufen durch den verzweifelten Schrei seiner Frau . . .
. . . GENSCHMAN! Puh, das war knapp.
Schluß mit dem KRÖTENZAUBER! Das ist der STOFF, aus dem die SUPERHELDEN sind!
KRAK
Eight miles high and when we touch down you find that it's stranger than now . . .*
Selten so sichtbar gewesen.
Meine Männer.
Groovy man, groovy.
Diese Farben!
So kann es doch noch richtig Weihnachten werden. Der Christbaum erstrahlt, der Plattenspieler spielt festliche Lieder und Superlungen füllen sich mit gutem STOFF. Zufrieden und entspannt lehnen sich unsere tapferen Helden zurück. Nur irgendwo tief unter der Erde von Wackersdorf will bei einem gewissen CLUB nicht die rechte Festtagsstimmung aufkommen. Dank GENSCHMAN.
* Song der amerikanischen Pop-Gruppe THE BYRDS. Auch diese Gruppe entwickelte sich durch den Gebrauch eines bestimmten STOFFs zur SUPERGRUPPE. Neidisch mußte ihr Gegenspieler, der Megaschurke Bob Dylan alias ZIMMERMAN, feststellen: „THE BYRDS are able to things which most people don't even known about." (vgl. GENSCHMAN US-Ausgabe 48 „GENSCHMAN – All Along the Watchtower") Seit langem Lieblingsgruppe der Gerechtigkeitsliga.

Apropos KRÖTE. War dieses Monstrum wirklich so schlimm, wie man sich gemeinhin erzählt?

Noch viel schlimmer. Sie war der größte Schurke aller Zeiten, der Lump der Lumpe, der Hyperverbrecher, kurz: das BÖSE schlechthin. Ihre giftige Schleimspur von Greueltaten, Korruption, Betrug und Meineid zog sich durch die ganze REPUBLIK. Wohin die KRÖTE kam, war die Luft verpestet, das Wasser verdorben, starb das Vieh in den Ställen, fielen die Menschen betrunken aus ihren Automobilen, und in den Kirchen stürzten die Messiasse von den Kreuzen.

Das ist ja kaum zu glauben.

Es ist aber wahr. Jeder normale Kriminelle wäre damit zufrieden gewesen, doch die KRÖTE wollte nichts mehr und nichts weniger als die Herrschaft über den gesamten Planeten, das Sonnensystem und die benachbarten Galaxien an sich reißen. Viel hätte nicht gefehlt, und es wäre dem Monstrum gelungen. Aber da waren ja noch ich und mein treuer MÖLLEMAN. Wir haben dann der KRÖTE sozusagen heimgeleuchtet. Das Abenteuer hieß, so glaube ich…

Hier ein paar
Bilder aus dem
„Poesiealbum"
der KRÖTE:

1980. Die KRÖTE frißt eigenmäulig einen gigantischen Kanal quer durch Europa, um den Kontinent endlich in Nord-Süd-Richtung durchschwimmen zu können. Damit sind ihren Untaten buchstäblich keine Grenzen mehr gesetzt.
NEE NEE
1984! (sic) Die KRÖTE gewährt den Bewohnern der ZONE einen „Milliardenkredit". Doch sie zahlt den unwissenden und naiven Eingeborenen den Betrag in Westperlen aus (angebl. d. härteste Währung d. Welt. Erst 5 Jahre später bemerken die ZONENZOMBIES den Betrug und verstopfen seither die Wühltische und Bananenboutiquen der REPUBLIK. Die von der KRÖTE geplante „Herrschaft des Chaos" kündigt sich an…).
2. Oktober 1988. Der Megaverbrecher steht kurz vor der Weltherrschaft. Nur eins bleibt ihm noch zu tun. Er muß sich mit der nutzlosesten und dämlichsten Frau des ganzen Universums vereinigen, um mit ihr ein Geschlecht von Superverbrechern zu zeugen. Doch wo ist dieses Zauberwesen? Da erreicht die KRÖTE eine Einladung…
Sehr geehrte KRÖTE,
ich und mein Mann, das Fürschterl, würden uns freuen, Sie am 13.10. zu einer kleinen Treibjagd begrüßen zu dürfen. Gejagt wird auf Rotwild und mein Mann würde es sich zur Ehre anrechnen, Ihnen, verehrte KRÖTE, ein paar kapitale Sozialdemokräten persönlich vor die Flinte zu treiben.
Es erwartet Sie gespannt
Ihre Fürstin Gloria
Natürlich, GLORIA! Mit ihr wird die KRÖTE ein großartiges Verbrechergeschlecht zeugen, wie es geistverlassener und krimineller nicht sein kann. Leider ist GLORIA bereits verheiratet…
Aber nicht mehr lange, harharhar. Kommens, PILLERWOMAN! Das Fürschterl moch ma hi!!!
HORNISSE
Warum vermählt sich die KRÖTE eigentlich nicht mit PILLERWOMAN? Ist die denn nicht mindestens genauso nutzlos und überflüssig wie GLORIA?
Das schon, Freunde, aber längst nicht so dämlich. Denn PILLERWOMAN arbeitet insgeheim für die GERECHTIGKEITSLIGA. Davon ahnt die KRÖTE aber nichts und führt PILLERWOMAN zu den schönsten Laichplätzen der Welt.
Doch heute will die KRÖTE nicht ablaichen – es dürstet sie nach Fürstenblut…

Kaum ist die HORNISSE, das Kampffluggerät der KRÖTE gelandet, kriecht der Usurpator schnurstracks zur Jagdgesellschaft des Fürsten.
Hihihi!
Paß auf dich auf, Glitschimausi!
Wohin des Wegs, oh KRÖTE?
Direktamente zur Weltherrschaft, mein lieber Oeconomus agraricus, vulgo: Saubauer.
Voller Ungeduld erwartet das Fürstenehepaar den Superverbrecher.
A Schmarrn, gleich hat sich's ausgefürschtelt!
Mein lieber KRÖTE, schön daß Sie gekommen sind.
Harharhar, GLORIA, jetzt gehörst du mir!

Doch da...
Die KRÖTE ist wie eine neugeborene Kaulquappe in eine Falle getappt. GLORIA ist niemand anderes als der Superadept und Haarkünstler MÖLLEMAN. Und unter der Maske des Fürsten verbirgt sich GENSCHMAN, dem sein Leibfriseur zur Tarnung die Ohren nach hinten gefönt hatte.
Im Namen der...
...GERECHTIGKEIT!
Leckus meus, a Falln!
Du hast die Erde gerettet, GENSCHMAN.
Ich wünschte, es wäre so.

Doch der fromme Wunsch des Superhelden geht nicht in Erfüllung. Die Erde ist keineswegs gerettet. Das Blut der zerquetschten KRÖTE sickert unaufhaltsam tiefer und tiefer – es frißt sich zielstrebig durch verrottetes Erdreich bis nach Rott am Inn. Dort ist das Hauptquartier des größten Schurken aller Zeiten. Hier, im KRÖTODROM, bewahrt die KRÖTE ihre KREATUREN in einer Nährlösung auf, um sie bei Bedarf zu einem abscheulichen Leben zu erwecken. Denn die KRÖTE hat zwar ihre stoffliche Hülle verloren, doch ihr Blut lebt noch immer. Ein Spritzer genügt, und die dämonische Saat geht auf. Schon hat der WAIGEL die Augen geöffnet. Gleich wird er die zerbrechliche Hülle des Reagenzglases sprengen und das BÖSE wieder über die Welt bringen. Auch PETERMAN und der TANDLER werden nicht lange untätig sein. Ihr erstes Verbrechen: Durch einen Dimensionentransmitter werden sie ihren Herren und Meister in ein Paralleluniversum teleportieren, wo er wieder körperliche Gestalt annehmen und die Erde weiter terrorisieren kann. Der Endkampf um den Fortbestand unserer Welt wird also im Universum entschieden – die GERECHTIGKEITSLIGA wird sich in eine extraterrestrische Umlaufbahn begeben…

F.D.P. 2000 –STRATEGIEPAPIER–

An alle Ressorts zur Kenntnisnahme. Bitte umgehend vervielfältigen (ca. 30 Mio. Ex.) und an alle Parteimitglieder verschicken. Das Volk muß endlich die Wahrheit erfahren!

Zehn Punkte für die Zukunft

1. Uniformpflicht der Parteispitze

Das äußere Erscheinungsbild mancher Parteimitglieder gibt zu erheblichen Beanstandungen Anlaß. Ich schlage deshalb vor, daß zumindest die Mitglieder des Präsidiums ihren Fähigkeiten entsprechende Uniformen erhalten. Dabei sollte Wert auf atmungsaktive Materialien gelegt werden, die den Uniformträger nicht in der Bewegungsfreiheit beeinträchtigen. Mitglieder, die aktiv in der Megaschurkenbekämpfung tätig sind, sollten mit entsprechenden technischen Hilfsmitteln ausgerüstet werden (z. B. BANGEMAN mit Intercontinental-Fettpolstern und Diätabwehrwaffen). Auch der optische Aspekt darf auf keinen Fall vernachlässigt werden. So sollten Anzug und Umhang farblich voneinander abgesetzt sein. Das Typische des individuellen Superhelden könnte (wie bei mir) durch eine Maske betont werden. Bei öffentlichen Auftritten und Parteitagen besteht Uniformzwang.

2. Aufbau einer Tarnexistenz

Die wahre Identität eines Superhelden sollte nur den engsten Familienmitgliedern und Freunden bekannt sein. (Vorbildlich: SCHEEL, keine seiner 7 Ehefrauen hat etwas von seiner Superheldentätigkeit geahnt.) Jeder Superheld muß deshalb offiziell einen normalen Beruf ausüben – Tätigkeiten mit einem hohen Außendienstanteil sind dabei von Vorteil (Reporter, Vertreter, Minister des Äußersten etc.).

3. Ausbildung

Neue FDP-Mitglieder werden sofort nach (vielleicht sogar vor) Parteieintritt auf ihre Superheldentauglichkeit überprüft. Wichtigster Bestandteil einer Superheldenausbildung sollte das Studium meiner Abenteuer sein, dazu genaue Kenntnis der Arbeit der LIGA und der Nachweis mindestens einer extranormalen Fähigkeit.

4. Besondere Befugnisse

FDP-Mitglieder sollten allgemein mit besonderen Rechten ausgestattet werden. So müssen sie das Recht haben, Verhaftungen vorzunehmen, wenn die weltpolitische Lage dies erfordert – sie sind außerdem befugt, verdächtige Schurken 48 Stunden ohne Vorlage eines Haftbefehls festzusetzen und dem zuständigen Bezirkssuperhelden zu übergeben. Für im Einsatz befindliche FDP-Mitglieder gelten die Regeln der StVO nur eingeschränkt – ihren Anweisungen ist unter allen Umständen Folge zu leisten.

Weiterhin darf die FDP als Partei auf keinen Fall mehr den Beschränkungen der sog. 5%-Hürde unterliegen. Eine permanente Regierungsbeteiligung der FDP muß ab sofort im Grundgesetz verankert werden.

5. Vollendung und Weiterführung des demokratischen Staatswesens

Die Einhaltung des Grundgesetzes sollte im nächsten Jahrtausend durch eine demokratische „Überwachungsgesellschaft" gewährleistet werden. Diese Funktion könnte von der GERECHTIGKEITS-LIGA übernommen werden. Sinnvoller erscheint mir jedoch die Gründung eines CLUBS der SUPERHELDEN, der den Bürgern die mühselige und oft gefahrvolle Wahrnehmung ihrer Grundrechte abnehmen könnte. Die Mitglieder des CLUBs werden auf Lebenszeit gewählt und sollten ihrer Tätigkeit finanziell unabhängig nachgehen können.

6. Steuerreform

Die Finanzierung der kostspieligen Superheldenausbildung und die Ausstattung des CLUBs mit den entsprechenden Geräten kann von der Partei nicht mehr wie bisher (Flick, Horten, Naumann-Stiftung) geleistet werden. Ich erachte es deshalb für unumgänglich, eine Superheldenabgabe für Besserverdienende sowie eine jährliche Schutzgeldpauschale für mittelständische Betriebe und Gewerbetreibende einzuführen.

7. Mittelstand – die starke Basis

Mittelständische Unternehmen machen mehr als 99% aller galaktischen Unternehmen aus. Sie stellen rund ⅔ aller Arbeitsplätze und ⅘ der Ausbildungsplätze. Angesichts dieses überragenden gesamtwirtschaftlichen Gewichts des selbständigen Mittelstands kann erfolgreiche interstellare Mittelstandspolitik nur heißen: Ständige Verbesserung der Rahmenbedingungen für die kosmische Wirtschaft.

So sollten zum Beispiel mittelständische Unternehmen anderer Sonnensysteme die Möglichkeit haben, sich mit Risikokapital an terrestrischen Betrieben ähnlichen Zuschnitts zu beteiligen. Im Gegenzug muß aber auch terrestrischen Unternehmen der Zugang zu nichthumanoiden oder semihumanoiden Märkten erleichtert werden.

8. Technik der Zukunft

Zur politischen Durchsetzung einer erfolgreichen intergalaktischen liberalen Politik gehört natürlich auch die Schaffung der adäquaten technischen Voraussetzungen. Zwischen den verschiedenen Absatzmärkten liegen teilweise Distanzen von mehreren tausend Lichtjahren. Um diese schnell und reibungslos zu überbrücken, ist der Aufbau einer kosmoliberalen Raumflotte absolut vorrangig. In diesem Zusammenhang ist es mir unverständlich, wieso der Bau des Schweren Raumkreuzers MISCHNICK, dessen Pläne ich dem Präsidium bereits vor 6 Monaten vorgelegt hatte, noch immer keine beschlossene Sache ist.

9. GENSCHWORLD

Der gesamten Menschheit und natürlich auch extraterrestrischen Besuchern unseres Planeten sollte die Möglichkeit gegeben werden, meine segensreiche Tätigkeit zu verstehen und meine größten Abenteuer noch einmal mitzuerleben. Ich schlage deshalb den Aufbau eines liberalen Vergnügungsparks unter dem Namen GENSCHWORLD vor. Als besondere Attraktionen könnte ich mir u.a. vorstellen: das „Hotel zur Post" des TANDLER als Geisterbahn, MÖLLEMANs Vexierfrisiersalon, ein 25stöckiges BANGEMAN-Restaurant, in dem alle Spezialitäten des Universums angeboten werden, Augenbrauenwurfbuden, Riesen-STOIBER-Rutschen u.v.m. Theatergruppen sollten in Originalkostümen meinen Werdegang in lebenden Bildern darstellen. 1x in der Woche würde ich einen Schaukampf gegen den WAIGEL austragen, der über MEGA-Bildschirme in der gesamten GENSCHWORLD zu verfolgen wäre. Ein Abnormitätenkabinett mit den Kreaturen der KRÖTE (incl. KRÖTE) könnte das Ganze vervollständigen. Der Eintritt sollte nicht mehr als 50,– DM betragen (für F.D.P.-Mitglieder die Hälfte? und für Kinder natürlich umsonst). Ein ideales Gelände für die GENSCHWORLD stellt meiner Ansicht nach das Gebiet der DDR oder auch ZONE dar. Es hat den Vorteil, daß zur Zeit die Eigentumsverhältnisse unklar, der Kaufpreis daher nicht allzu hoch sein dürfte. Alle gegenwärtig bestehenden wirtschaftlichen Probleme der DDR würden sich auf einen Schlag lösen, denn ihre Bewohner könnten ohne weitere Formalitäten als Personal für die GENSCHWORLD eingestellt werden. (Mit allen sozialen Absicherungen natürlich!) Die GENSCHWORLD ist ebenfalls eine ideale Investitionsmöglichkeit für mittelständische Betriebe und Gewerbetreibende. Vom territorialen Umfang her würde die DDR ausreichen, weitergehende Gebietsansprüche brauchen deshalb endgültig nicht mehr gestellt zu werden. Somit wäre die GENSCHWORLD außerdem ein wichtiger Beitrag zur Friedenssicherung in Europa! (Die Bebauungspläne können übrigens jederzeit in meinem Büro eingesehen werden.)

10. Sterblichkeitsreform

Die Arbeit und das Wirken von Superhelden sollten in Zukunft keinerlei zeitlicher Begrenzung durch Tod o.ä. unterliegen. Es ist deshalb von einer Parteikommission in Zusammenarbeit mit dem Vatikan zu überprüfen, ob zumindest Mitglieder der GERECHTIGKEITSLIGA in den Zustand der Unsterblichkeit versetzt werden könnten – was rein technisch, meiner Meinung nach, kein Problem sein dürfte. Eventuelle religiöse Bedenken wären natürlich zu prüfen und in unsere Überlegungen einzubeziehen.

Wer hat den Abdruck veranlaßt? Warum wurde mir das nicht vorgelegt? Seid ihr alle verrückt geworden? 30 Millionenmal!!! Morgen früh um 8.30 will ich alle (auch Sie, Dr. Koenig!!!) zu einer Dringlichkeitssitzung in meinem Büro sehen. ER darf nichts davon erfahren. Ich wiederhole: NICHTS!

gez.

(Bettzuege) Bz
Ref. 012-

A/II 445–8/DZ

Pressespiegel AA

Überraschendes Aus für GENSCHMAN

Satiremagazin stellt Superhelden-Serie ein

Von Jutta Hoffritz (Reuter)

Frankfurt/Bonn/Male. Die August-Ausgabe des Satire-Magazins TITANIC wird erstmals seit September 1989 ohne eine Folge des beliebten GENSCHMAN-Comics erscheinen. Dies gab gestern in Frankfurt die Chefredakteurin des Blattes, Simone Borowiak, bekannt.

Sie begründete diesen Schritt mit der Aufkündigung des Vertragsverhältnisses zwischen der TITANIC und den GENSCHMAN-Autoren Achim Greser, Christian Schmidt und Hans Zippert. „Eine weitere Zusammenarbeit mit diesen Kollegen“, so Borowiak vor der Presse, „war leider nicht mehr möglich.“

Die insgesamt 23 erschienenen GENSCHMAN-Folgen bescherten der TITANIC eine ungeahnte Auflagensteigerung. Verkaufte das leicht linkslastige Satireblatt im August 1989 noch ca. 60000 Exemplare, waren es im vergangenen Monat über 800000. Zu dieser Entwicklung trug auch Außenminister Hans Dietrich Genscher kräftig bei, dessen Begeisterung für die GENSCHMAN-Serie in den Augen einiger Beobachter schon leicht bizarre Züge aufweist. So verschaffte Genscher beispielsweise im Oktober letzten Jahres jedem F.D.P.-Mitglied auf Kosten der Parteikasse ein TITANIC-Abonnement. Auch der F.D.P.-Parteiapparat widmete sich verstärkt der GENSCHMAN-Promotion. Parteitage der Liberalen glichen in letzter Zeit mehr und mehr Verkaufsmessen für GENSCHMAN-Produkte – vom GENSCHMAN-T-Shirt bis zum GENSCHMOBIL, einem leicht frisierten Golf mit Katalysator. Vom Erlös aus diesen Verkäufen profitierte nicht zuletzt der TITANIC-Verlag.

Doch war die Freude am GENSCHMAN-Boom nicht ungetrübt. Bereits im Oktober 1989 hatten führende Vertreter der CSU gegen die Diffamierung von CSU-Mitgliedern in den GENSCHMAN-Comics protestiert. Ohne Erfolg, wenn man davon absieht, daß die Darstellung der „Superverbrecher und Usurpatoren“ sich eher noch verschärfte. Die GENSCHMAN-Autoren ließen in ihren Geschichten beispielsweise „den viehischen TANDLER das schleimige STOIBER zum Dessert löffeln“ oder den WAIGEL zur Abwechslung einmal an Augenbrauen und Genitalien baumeln. Die GENSCHMAN-Fans goutierten es, während die CSU-Klientel gegen die „dreckertn Buidergschichtn“ Sturm lief. Im Sommer 1990 brannte dann die TITANIC-Redaktion in der Frankfurter Brönnerstraße völlig aus. Die Polizei ermittelt noch.

Diese Entwicklung und zunehmender Zwist in der damaligen schwarz-gelben Koalition aufgrund der GENSCHMAN-Comics führten schließlich zu einer schrittweisen Distanzierung führender F.D.P.-Mitglieder von der Serie. Besonders der damalige Bildungsminister Möllemann plädierte für eine Einstellung der „mehr als indirekten Unterstützung für das Sudelblatt TITANIC“. Allein Außenminister Genscher war bisher nicht von seinem Superhelden-Faible abzubringen. Das scheint sich jetzt geändert zu haben, wenn man Gerüchten aus dem Auswärtigen Amt Glauben schenken darf.

Die schon seit einiger Zeit in der Bundesrepublik nicht mehr auffindbaren GENSCHMAN-Autoren meldeten sich gestern ebenfalls zu Wort – von den sonnigen Malediven. Gegenüber einem französischen Journalisten erklärten Greser, Schmidt und Zippert, die Einstellung des GENSCHMAN-Comics habe ausschließlich künstlerische Gründe. „Zeichnen Sie mal Woche für Woche einen nassen Sack als Superhelden. Dann fällt Ihnen auch bald nichts mehr ein“, so GENSCHMAN-Zeichner Achim Greser. Auf die Frage nach ihrer weiteren Zukunft ließ das Comic-Trio verlauten, die größte künstlerische Herausforderung liege für sie im Moment in der hohen Kunst des Geldausgebens.

Greser, Zippert und Schmidt (v.l.n.r.) beim täglichen Scheckvergleich im Palm-Beach-Club. (Archiv-Foto)

Neue Westfälische, 26. 7. 1991

Na also!!
Bz

Pressespiegel AA

Aachener Volkszeitung, 29.7.1991

„Ich sehe die Legionen des WAIGEL..."

Genscher läßt überraschend Pressekonferenz platzen. Ist der Außenminister psychisch krank?

Bonn (dpa). Als heute morgen gegen 10 Uhr die Journalisten zur Pressekonferenz des F.D.P.-Parteivorstandes ins Thomas-Dehler-Haus eilten, ahnte wohl noch niemand, welche dramatische Wendung dieses Routineereignis nehmen sollte. Auf der Tagesordnung standen die neuen Pläne der F.D.P.-Spitze zur Mittelstandsförderung. Der Parteivorsitzende Otto Graf Lambsdorff erklärte gerade, die F.D.P. beabsichtige einen Gesetzentwurf in den Bundestag einzubringen, nach dem Taxifahrer, Eisdielenbesitzer, Gastwirte, und Friseure von der Mehrwertsteuer zu befreien seien, als unerwartet eine kostümierte Gestalt auf dem Podium auftauchte.

Graf Lambsdorff, Genscher mit GENSCHMAN-Maske: Offensichtlich geistesgestört?

Nach kurzer Schrecksekunde war jedermann klar, um wen es sich bei dem Mann im sogenannten „GENSCHMAN-Dress" handelte. Kein Geringerer als Außenminister Genscher hatte sich unter dem Schutz einer überdimensionierten Ohrenmaske in die Konferenz eingeschlichen. Sofort schnitt „GENSCHMAN" Genscher seinem Parteifreund Lambsdorff das Wort ab, um anschließend selbst eine außerordentlich verwirrende Erklärung abzugeben.

Zunächst drückte Genscher seine Verwunderung darüber aus, daß niemand der anwesenden F.D.P.-Mitglieder in „Kampfkleidung" erschienen sei. Genscher: „Die F.D.P. ist eine Superheldenpartei, und ich verlange, daß sich ihre Mitglieder entsprechend benehmen." Ausdrücklich tadelte er das Verhalten der anwesenden Lambsdorff, Bangemann und Möllemann, die er nur mit PROTHESE, BANGEMAN und MÖLLEMAN titulierte. Er verstünde nicht, wie man in Zeiten, in denen „Megaschurken und Superlumpe" schlimmer denn je ihr Unwesen trieben, der „Sache der Gerechtigkeit" einen solchen Schaden zufügen könnte.

Genschers Ansprache verschärfte sich im Ton, als er auf seinen persönlichen Referenten für Öffentlichkeitsarbeit, Reinhard Bettzuege, zu sprechen kam. „Jemand, der mein schon gedrucktes Positionspapier ‚F.D.P. 2000' in den Reißwolf wirft, ist mehr als nur ein Saboteur. Er ist ein Agent des WAIGEL", gab Genscher mit schriller Stimme zu verstehen, wobei den Journalisten unklar blieb, auf welches Papier sich der Außenminister bezog.

Obwohl Lambsdorff, Bangemann und Möllemann mit vereinten Kräften versuchten, den Außenminister zu beruhigen, steigerte sich dessen Erregung nur. Er sei nicht bereit, seine „keineswegs lächerliche Maske" abzulegen, da er jederzeit mit einem Angriff „vom STUDENTENPLANETEN" rechne. Dies sei ihm, dem „größten GENSCHMAN aller Zeiten", spätestens jetzt klargeworden, da man die „überaus gelungenen" GENSCHMAN-Folgen in der Satirezeitschrift TITANIC eingestellt habe. Er sei sich sicher, daß Referent Bettzuege, „der Brutus der GERECHTIGKEITSLIGA", dahinterstecke. „Das ist eine Verschwörung intergalaktischen Ausmaßes. Das Böse ist angetreten zum letzten Gefecht. Es will die Welt regieren!"

Ultimativ verlangte Genscher von den anwesenden Journalisten, sie sollten die Wahrheit über den bevorstehenden Endkampf verbreiten. Die Zeit der Comics sei leider vorbei, jetzt müsse „Klartext" geredet werden. Zur Verblüffung aller Anwesenden kletterte der Außenminister auf den Podiumstisch, um mit pathetischer Geste seine Rede fortzusetzen: „Im Namen der Gerechtigkeit! Ich sehe die Legionen des WAIGEL und also auch ein schrecklich Vieh, welches ist TANDLER, sitzend zur Rechten PETERMANs. Auch wird kommen EWALD, der MEGABAUER, und er wird reiten auf PILLERWOMAN, welche trägt Purpur und Scharlachberg. Aber ietzo kömmet GENSCHMAN zum Nutz und Frommen der ewigen Liberalität, welche wir finden in den Thesen zu Kiel und bisweilen zu Freiburg..."

Spätestens zu diesem Zeitpunkt durfte auch dem letzten klargeworden sein, daß der Minister nicht mehr voll zurechnungsfähig war. Die von einigen Journalisten herbeigerufene Polizei überwältigte im Zusammenwirken mit Saaldienern des Thomas-Dehler-Hauses den Außenminister. Anschließend wurde er an einen bisher unbekannten Ort gebracht. Ein F.D.P.-Sprecher erklärte, dem Minister ginge es „den Umständen entsprechend gut".

Letzte Meldung

Genscher nicht mehr Außenminister

Bonn (dpa) Außenminister Genscher ist vorläufig aller seiner Funktionen entbunden. Das wurde am späten Abend in Bonn nach einer Sondersitzung des Kabinetts bekannt. Ein Sprecher der Bundesregierung erklärte, aufgrund der Vorfälle im Thomas-Dehler-Haus vom Montagmorgen gehe Bundeskanzler Helmut Kohl davon aus, daß Genscher seine Amtsgeschäfte nicht mehr in der notwendigen Art und Weise führen könne. Bundesbauminister Jürgen W. Möllemann wird bis auf weiteres das Außenministerium kommissarisch übernehmen. Eine endgültige Entlassung Genschers bleibt dagegen dem Bundespräsidenten vorbehalten. Dieser hat sich bisher zu den Vorgängen um den Außenminister nicht geäußert.

GENSCH MAN
Herrscher im Universum
Folge 11 344
Eintrag ins Computerlügbuch der MISCHNICK, Sternzeit 1334,6: Empfingen gerade rätselhaften Notruf aus dem Sternbild Alpha Assessor, genaue Ortung: STUDENTENPLANET. Angeblich ist dort wieder einmal eine Revolte ausgebrochen. 1. Offizier MÖLLEMAN erlitt einen Schwächeanfall. Als wir uns der dünnen Atmosphäre des Planeten näherten, war ich auf das Schlimmste gefaßt, doch der Anblick, der uns erwartete, übertraf alles…
Auf der Erde herrscht seit mehreren Raumdekaden Ruhe. Die Kreaturen der KRÖTE sind für immer vertrieben und die GERECHTIGKEITSLIGA herrscht zu aller Zufriedenheit. Doch dieser Friede ist trügerisch. Zwar werden die Superschurken nie wieder die Erde betreten – doch dafür planen sie im Weltall eine Megabosheit von interstellaren Ausmaßen.
Wir nähern uns Zielobjekt. Ich gehe runter auf 2 ER-TL.
Fertigmachen zur Landung
Idiot! Anflug immer nur mit 0,3 ER-TL
Der schwere Raumkreuzer MISCHNICK ist das Flaggschiff der interstellaren GERECHTIGKEITSFLOTTE. Ihr Auftrag: Herstellung eines liberalen Universums und Verwirklichung einer innovativen galaktischen Mittelstandsförderung. Die Besatzung besteht aus: Commander GENSCHMAN, 1. Offizier MÖLLEMAN, 2. Offizier SCHWAETZERWOMAN (gleichzeitig intergalaktische Beauftragte für Gleichstellungsfragen), Raumkassierer PROTHESE, Schiffskoch BANGEMAN und Hilfsnavigator Kurt Gerlach. Außer dieser hochkarätigen Besatzung verfügt die MISCHNICK über eine hervorragende technische Ausstattung. Für die überlichtschnelle Durchquerung des Hyperraums sorgt der ER-TL Antrieb, der seine Energie aus einem mit Fett- und Bauchspeckkristallen gesteuerten Antimateriekonverter bezieht. Das Schiff ist mit Phrasern, Sülztorpedos, Laberkanonen und Schwafelgashaubitzen bewaffnet. Komplettiert wird die Ausrüstung der MISCHNICK durch die leichten Raumgleiter BAUM und FLACH sowie die Aufklärungsfregatte HAMM-BRÜCHER.

Auf dem STUDENTENPLANETEN leben normalerweise drei verschiedene Zivilisationen friedlich zusammen. Den Hauptbevölkerungsanteil stellen die STUDENTEN. Sie verbringen die meiste Zeit des Tages schlafend in Hörsälen und ernähren sich von einer speziellen Lösung aus hochangereichertem Bafög sowie einer Mischung aus Ex- und Immatrikeln. Das eigentliche Herrschervolk des Planeten sind die DOZENTEN, eine semiintelligente, aber humanoide Rasse, die über wirkungsvolle non-nukleare Waffen verfügt (→ SCHEINE → KLAUSUREN) und die STUDENTEN zu kleineren Hilfstätigkeiten einsetzt. Oberster Befehlshaber des Planeten ist der DEKAN, ein Androide mit außergewöhnlichen Fähigkeiten.
ATHE
MORD
BETRUG
INSTITUT FÜR UNRECHT
WISSENS-FREIER UNTERRICHT
GRRR! SOFORT
20.000 Mark Baf MINDESTENS!
38 SEMESTER Regel-studienzeit
Commander an BANGEMAN! Sofort Spacegulaschkanone aktivieren! Geben Sie Stammessen II + Aktionsband und korrumpieren Sie uns sofort wieder an Bord!
Eintrag ins Computerlügbuch der MISCHNICK, Sternzeit 1347,2: Es war zu schrecklich! PETERMAN, TANDLER und der WAIGEL hatten sich augenscheinlich clonen lassen, und diese Kreaturen der Kreaturen waren doch tatsächlich an allen Fakultäten des Planeten eingeschrieben. Ich mußte sofort handeln.

Eintragung in das Computerlügbuch der MISCHNICK, Sternzeit 1347,8: Der Kampf dauerte nur wenige Sekunden. BANGEMAN feuerte ein paar Ladungen ab, den unappetitlichen Rest erledigten unsere Laberkanonen. Dann waren die STUDENTEN besiegt und in die MENSA zurückgetrieben. Doch ich wußte genau, im Weltall würde es niemals Frieden geben, bevor ich nicht die vermaledeite gelbe Sonne zerstört hätte. Von ihr bezogen die aufständischen Studenten ihre kriminelle Energie. Sie ist die Quelle alles Bösen. Obwohl meine Mannschaft vor Angst zitterte, befahl ich, neuen Kurs zu nehmen: zum Sternbild des Großen Lumpen!
Autsch!
MÖLLEMAN, wie oft habe ich dir gesagt, du sollst den Antischwallkraftgürtel anlegen, wenn wir den Hyperraum durchbrechen?
STAMMESSEN II ist die fürchterlichste Waffe des ganzen Universums. Es besteht aus Hühnerfrikassee und Croquetten – also reiner Antimaterie.

Wir sind am Ende des Universums angelangt. Hier also ist die Heimat des Bösen. Das negative Kraftfeld der gelben Sonne zieht die MISCHNICK immer näher in den Bereich todbringender Strahlung. PROTHESE bittet um einen Priester, will seine Sünden beichten. Ließ ihn absprengen – haben keine 2 Lichtjahre Zeit. Meinen guten MÖLLEMAN mußte ich ebenfalls opfern. Erbrach sich auf das Schaltpult, hätte uns beim Endkampf nur im Wege gestanden. BANGEMAN macht schlapp, kein Wunder, er hat seit über 10 Minuten nichts gegessen. Auch ich bin vor Schreck fast gelähmt, doch es hilft nichts, ich muß die Sülztorpedos abfeuern, das Universum für immer befreien…
…Die KRÖTE… ich muß sie…
Ganz ruhig bleiben, Herr Genscher, dann ist der Weltraumkoller gleich vorbei…

Tut mir leid für Sie, aber ich kann es als Arzt nicht zulassen, daß er noch mehr aufgeregt wird ... ah, wen haben wir denn da? Mein lieber WAIGEL, wie geht's uns denn?
Prof. Zarkoff
Kann nicht klagen, Professor. Werde demnächst die Weltherrschaft übernehmen.

Und schicken Sie mir bitte ein Belegexemplar von der neuen Folge – das haben die von Titanic auch immer gemacht.
Hilfe!
SEELEN-FRIEDEN
PRIVAT-SANATORIUM
Leitung: Prof. ZARKOFF
Tja, wir haben die gesamte GERECHTIGKEITSLIGA und den CLUB hier drin, wenn ich das mal so sagen darf. Wissen Sie, er war eigentlich ein ganz normaler Politiker, etwas geltungssüchtig vielleicht, aber diese verdammten Heftchen, diese Comics, die haben ihn in den Wahnsinn getrieben. Gut, daß so etwas heute verboten ist, die Menschen sind immer noch viel zu leichtgläubig – schreiben Sie das ruhig und, leben Sie wohl.

Wir danken der TITANIC-Redaktion für Rat und Tat und den menschenverachtenden Zynismus, mit dem sie unsere Arbeit begleitet hat. Allen Lesern dieses Buches wünschen wir, daß sie einmal genauso reich werden wie wir und schließen deshalb mit den Worten Roland Specks:

**„Willst du deine Freunde quälen,
laß sie dein Vermögen zählen."**

Satz und Lithografie: Großhaus, Schmidt & Partner GbR, Berlin
Druck und Bindung: Proost, Turnhout/Belgien
Printed in Belgium

Layout:
Achim Greser, Heribert Lenz, Dorothea Behnke

EP 341
ISBN 3-88520-341-3

Wir danken dem TITANIC Verlag für die Überlassung des Verlags-Logos auf dem Umschlag und die freundliche Unterstützung.

ELEFANTEN PRESS
Oranienstr. 25
1000 Berlin 36

Fotos:
Dorothea Behnke, dpa, Corinna Kastner, Günther Koenig, Hans-Jörg Krauss, Achim Mittelstaedt, Stefan Schellenberg, Christian Schmidt, Veit Walter

CIP-Titelaufnahme der Deutschen Bibliothek

Genschman : das Buch / Achim Greser ; Christian Schmidt ; Hans Zippert. – Berlin : Elefanten Press, 1990
ISBN 3-88520-341-3

1. Die verhängnisvolle Unterschrift · **2.** GENSCHMANs Genesis · **3.** Das Kabinett der KRÖTE · **4.** Das Geheimnis der Elefantenrunde · **5.** Aktion Ohrwurm · **6.** Der Tag des W
Sonnengenscher · **13.** Der Minister des Todes · **14.** Die Rückkehr des Spendenritters · **15.** Die Parasitenpartei · **16.** GENSCHMAN gegen Bauer EWALD · **17.** GENSCHMAN gibt auf! ·
sie wiederwählten · **24.** Hans-Dietrich auf Abwegen · **25.** GENSCHMAN kennt keine Grenzen · **26.** GENSCHMAN – wer ist das? · **27.** Die Nacht der benutzten Q-Tips · **28.** GENSCHKNIRPS
von Bonn · **35.** Mann oder GENSCHMAN? · **36.** Der Fall der Todeskoalition · **37.** Der menschliche Liberale · **38.** Hörsturz ins Nichts · **39.** König Genscher · **40.** Das Ministerium der S
Mega-T.A.F.T. · **47.** Oh! Diese Genschmänner! · **48.** Nieder mit GENSCHMAN! Es lebe Scherk! · **49.** Die Bande der Bio-Schurken · **50.** GENSCHMAN auf Weltempfang · **51.** Ein Min
57. GENSCHMAN macht's möglich · **58.** GENSCHMAN nach Maß · **59.** Angriff der Pantyl-Partei · **60.** GENSCHMAN zu verkaufen! · **61.** GENSCHMANs billige Retourkutsche · **62.** GE
67. Hans-Dietrich Genscher alias WAIGEL · **68.** Der Sumpf der KRÖTE · **69.** Die Eroberung einer Fraktion · **70.** Der GENSCHkult · **71.** Die ANTI-GENSCHMAN-PARTEI · **72.** Die Spend
Berserker · **78.** GENSCHMAN trifft BABS · **79.** Der Minister von Morgen · **80.** Das Überohr · **81.** GENSCHMANs guter Ton · **82.** GENSCHMANs innerer C.S.U. · **83.** Gehirnalarm fü
88. SCHWAETZERWOMAN lebt gefährlich · **89.** Bestechliche Zeiten · **90.** Es darf regiert werden · **91.** Gauner, GENSCHMAN und Gomulka · **92.** Unser GENSCHMAN ist der Beste · **93.** U
des fünften Schreckens · **99.** GENSCHMAN im Land der Pharaonen · **100.** Mein lieber SCHOLLI · **111.** KATHETERMAN vs PROSTATABOY · **112.** Im tiefen Tal der Superwechsel · **113.** GEN
mopsfidele Megalump · **119.** Die Wiege der KRÖTE · **120.** GENSCHMAN vs WATSCHENMAN · **121.** Der MEGABAUER kehrt zurück · **122.** Wer hat MÖLLEMANs Gehirn? · **123.** GENSCH
ZOMBIES · **128.** Der Planet der ZONENZOMBIES · **129.** In den Klauen des Sextherapeuten · **130.** Hallo Mädels, hier kommt GENSCHMAN · **131.** Meineidbauer EWALD · **132.** Opportun
den sie abwählten · **138.** Mord im gutunterrichteten Kreis · **139.** Gott vergibt – die KRÖTE nie! · **140.** Macht Platz für den Frieden · **141.** Amt ohne Beamte · **142.** GENSCHMAN ißt aus
nicht · **149.** Der Totenchor der KRÖTE · **150.** STOIBER – Schrecken ohne Körper · **151.** Die sieben Gesichter der KRÖTE · **152.** GENSCHMAN hält die Welt in Atem · **153.** MÖLLEMANs i
159. Die Symphonie der KRÖTE · **160.** Die Bestie aus Bayern · **161.** Panik in Bonn · **162.** Das Spektrum der Fraktionen · **163.** GENSCHMAN und die Riesenwahlbeteiligung · **164.**
Blut gefriert · **170.** Der Pakt mit der KRÖTE · **171.** Der Fall des Hauses Genscher · **172.** Blätter aus dem Buch der KRÖTE · **173.** Der Eid des Schreckens · **174.** Das Rätsel der alten
Paragraph · **180.** Der kleine Minister · **181.** Die Büchse der KRÖTE · **182.** GENSCHMAN – der Koloß von Bonn · **183.** Lady GENSCHMAN · **184.** Der vergessene Liberale · **185.** C
Minister · **191.** Krakel – die Handschrift der KRÖTE · **192.** Die Brauen des Bösen · **193.** GENSCHMAN im Haus der Lüge · **194.** Das Geheimnis der Quasselbude · **195.** Unsere Liber
201. Mr. Faustdicks tausend Tricks · **202.** Das Stimmrecht des Satans · **203.** KRÖTE ante portas! · **204.** GENSCHMAN, der Held von Genf · **205.** GENSCHMANs größtes Abenteuer · 2
Wunderlumpen · **212.** Alarm für GENSCHMAN · **213.** Der Mann, der in die F.D.P. eintrat · **214.** Das Amt der Sünde · **215.** GENSCHMAN und die vierzig WAIGEL · **216.** KRÖTE de Sade
Reaktionär und Dämon · **223.** Mein Gott, GENSCHMAN! · **224.** Der Minister ohne Gewissen · **225.** GENSCHMAN '68 · **226.** Astro-KRÖTE, Aufsichtsrat des Grauens · **227.** Bonnopolis
Demokratie der Frauen · **233.** STREIBL – Ausgeburt des C.S.U. · **234.** Die KRÖTE und die Jungfrau · **235.** Der Minister mit den blutigen Händen · **236.** Der Beschluß des Verd
242. Demokratus · **243.** Die Fahrten des GENSCHMAN · **244.** GENSCHMAN und die Trommeln des WAIGEL · **245.** Das Fleisch der Freiheit · **246.** Das Inferno der Regierung · **247**
der Spitzensteuer · **252.** Der WAIGEL und seine Wähler · **253.** KRÖTE muß sterben! · **254.** Die Erbschaft des Erzschufts · **255.** Der TANDLER mit der Krallenhand · **256.** GEN
261. GENSCHMAN kürzt die Diäten des Dämons · **262.** GENSCHMAN in der Folterkammer des Freistaats · **263.** KRÖTE junior · **264.** Das Duell der Demokraten · **265.** MÖLLEMAN geg
271. Frauen, die der KRÖTE dienen · **272.** Der F.D.P.-Fresser · **273.** Die Fesseln der Fraktion · **274.** Die düstere Partei · **275.** Der Fuhrmann der Völkerverständigung · **276.** Die
281. Das Grundgesetz der Gauner · **282.** GENSCHMAN – Herr der Beamten · **283.** Die Geliebte der KRÖTE · **284.** GENSCHMAN – Gesandter der Freiheit · **285.** Die Rückkehr de
290. NIEGELs Rache · **291.** Im Ministerium ist der Teufel los · **292.** WAIGELs Ost-West-Peitsche · **293.** GENSCHMAN im Dunkeln · **294.** Der Sonderparteitag fällt aus! · **295.** D
300. Die Auflösung des Bundestags · **301.** GENSCHMAN gegen die Megabeamten des KLUNCKER · **302.** GENSCHMANs goldenes Gesetz · **303.** Der Glöckner von Bonn · **304.** Da
309. GENSCHMAN – Minister ohne Furcht und Tadel · **310.** GENSCHMAN in den Klauen des Staatswesens · **311.** Die schreienden Schädel des STREIBL · **312.** GENSCHMAN in den Klau
317. Die Sachzwänge des Satans · **318.** An Herrn GENSCHMAN persönlich! · **319.** Das Rederecht des STOIBER · **320.** Ich, der WAIGEL · **321.** GENSCHMAN im Land der Gremien
Henker der Verfassung · **328.** Die Fraktion am Ende der Welt · **329.** GENSCHMAN besucht die Dienststelle der Dämonen · **330.** Immer bei Anbruch der Wahl · **331.** Die Freiheit des
im Zwangsmittel des WAIGEL · **337.** GENSCHMAN im Zwielicht · **338.** Der Sohn der großen Koalition · **339.** GENSCHMAN und der Kuß der KRÖTE · **340.** KRÖTEN raus, Herr Flic
346. Hungerkünstler BANGEMAN · **347.** MÖLLEMAN und die Strapsbestien · **348.** Schleyer, Buback, Ponto – gehn auf WAIGELs Konto · **349.** MÖLLEMAN – Unterwegs mit weichem Ke
STREIBL nie · **356.** GENSCHMAN darf nicht sterben · **357.** PROTHESE jagt Moby Dick · **358.** Entscheidungsschlacht auf Prickingshof · **359.** Abenteuer in der synthetisch besetzte
364. Die Superhelden-Gewerkschaft · **365.** GENSCHMAN vs KLUNCKER und die MEGABEAMTEN · **366.** Folterqualen junger Päpste · **367.** Telefon für GENSCHMAN · **368.** Regierun
GERECHTIGKEITSLIGA · **373.** Der höllische Parteitag · **374.** Har Har Harr! · **375.** Ein Superheld aus Bielefeld · **376.** Warum lügt PROTHESE nicht? · **377.** Todesbrunch mit PETERMA
Regierungskuppel, ratlos · **383.** GENSCHMAN heißt er – uns bescheißt er · **384.** Im Fernsehen läuft: DER UNSICHTBARE · **385.** KRÖTENZAUBER auf Coney Island · **386.** MISCH
391. KARTOFFEL ißt die Rechnung auf · **392.** SCHMALHANS vs BANGEMAN · **393.** Die GERECHTIGKEITSLIGA auf Abwegen · **394.** Volt, Watt, Ampère, Ohm – ohne euch gäb's keir
400. Das Massaker der Liberalen · **401.** MÖLLEMAN transportiert ein Klavier · **402.** Quellen, Quallen, QUOTENWOMAN · **403.** GENSCHMAN – und das Ungeziefer aus Bayern · 40
408. Erst stirbt der Wald – dann stirbt der GNOM · **409.** Abnormes Verlangen junger Superhelden · **410.** Hier spricht die Polizei: Kommen Sie mit erhobenen Ohren her
415. Das Blutgericht des Dr. Kühlmann-Stumm · **416.** Augen auf, beim Schurkenkauf · **417.** MEGALUMPEN & Söhne, Gesellschaft mit beschränkter Verhaftung · **418.** Liberale st
mit Einzellumpaufhängung · **424.** GENSCHMAN macht den Führerschein · **425.** Ich, Dr. Kühlmann-Stumm · **426.** Die Folterkammer des Dr. Kühlmann-Stumm · **427.** Der Todes
432. MÖLLEMANs blutige Ernte · **433.** SICHTBARER in Sicht · **434.** Superhelden küßt man nicht · **435.** Die seltsamen Methoden des Hans-Dietrich Genscher · **436.** Ein
441. Freßsportgruppe BANGEMAN · **442.** BANGEMAN ißt für Deutschland · **443.** Gerechtigkeit ist reine Hexerei · **444.** Politik auf einen Blick · **445.** Die Schaumschlägerban
SCHNAUZE! · **451.** Unheimliche Begegnung der scheißliberalen Art · **452.** Spring, PROTHESE! · **453.** Völkerverständigung für Schwerhörige · **454.** Der Supermarkt der Supe
460. Artenschutz für Superhelden · **461.** Wer ist Ihr Friseur? · **462.** GENSCHMAN, korrupt bis auf die Knochen · **463.** Kopf ab, GENSCHMAN · **464.** GENSCHMAN vs GODZILL
knackt den Jackpot · **470.** Illegal und liberal · **471.** Tomaten auf den Ohren · **472.** Räum das weg, SCHNAUZE · **473.** Vergeßt GENSCHMAN, hier kommt GENSCHGIRL! · **474**
479. Trink, TANDLER, trink! · **480.** Superhelden vor der Kamera · **481.** Jetzt oder nie, Amnestie! · **482.** Vamos Ministro! · **483.** Genscheremos! · **484.** Jetzt reicht's, SCHNAU
489. Geheimrat GENSCHMAN · **490.** Auf Horchposten in der linken Baracke · **491.** GENSCHMAN und die Todesschwadron der Sozialistischen Internationale · **492.** Klosterbr
Installateur des Schreckens · **498.** PETERMANs Mondfahrt · **499.** Busenwunder BANGEMAN · **500.** Spiel weiter, SCHNAUZE! · **501.** Berufswunsch: Superschurke · **502.** Das A
repariert · **508.** FUZZY JONES und das kleinste Büro der Welt · **509.** It's only F.D.P. but I like it · **510.** Spiel mir das Lied vom TANDLER · **511.** PETERMAN gegen MEGAMIK
517. Im Anfang war der NAUMAN · **518.** Die Brille des GYSI · **519.** Die Zahlen der NOELLE-NEUMANN · **520.** Im Labyrinth des WAIGEL · **521.** GENSCHMAN gegen den HORNI
526. Wenn Superhelden zu sehr lieben · **527.** Das DREI-KÖNIGS-TREFFEN, das nicht enden wollte · **528.** MÖLLEMAN und das verhängnisvolle Rasierwasser · **529.** Die Nacht d
534. Henkersmahlzeit in Ferdi's Pizza Pinte · **535.** PETERMAN, geh' du voran · **536.** Schwüle Nächte mit MÖLLEMAN · **537.** Liebesgrüße aus Wackersdorf · **538.** Und ewig s
543. Das Nähkästchen von SCHWAETZERWOMAN · **544.** MÖLLEMAN auf der Suche nach dem Schalthebel der Macht · **545.** Ein GNOM, der zuviel wußte · **546.** Hurra, der Bu
551. Gib Gummi, PETERMAN · **552.** Kein TÜV fürs GENSCHMOBIL · **553.** PROTHESE und die drei von der Geldquelle · **554.** GENSCHMAN und die Bibel von BISCHOF TUTU · 5
STUDENTENPLANET · **560.** WAIGEL, der kosmische Komiker · **561.** KATHETERMAN – Hilfe, mein Gehirn mutiert · **562.** Das STOIBER und seine glitschigen Freunde · **563.** Mirac
568. Das Werk des Super-Bullrich · **569.** MÖLLEMAN kämmt das Chaos · **570.** Die Macht des Heliopur · **571.** Das Myristrat des Megaministers · **572.** GENSCHMAN jagt das C
ZIMMERMAN · **579.** Die seltsamen Sechsämtertropfen des SICHTBAREN · **580.** Mr. Faustdicks tausend Tricks · **581.** GENSCHMAN im Stall von Bethlehem · **582.** Der Schatten
588. WAIGELs fette Beute · **589.** GENSCHMANs Geheimwaffe · **590.** Die Nacht des Negators · **591.** Der Gewohnheitsminister · **592.** Alles neu macht der WAI-GEL · **593.** Die
des STREIBL · **599.** Weinhaus WAIGEL · **600.** C.S.U. = Chronik der Scheusale und Unholde · **601.** Der Seim des WAIGEL · **602.** Das Grundgesetz des Grauens · **603.** Der Fluc
Fasching · **609.** Kantapper, KATHETER, zum Tore hinaus · **610.** Das Gefühl, ein Superheld zu sein · **611.** Das Lumpenpack im Sechserpack · **612.** Superheld aus Liebe · **613.**
wird's kriminell! · **619.** GENSCHMAN jagt den Mittelstand · **620.** Neue Dimensionen, wo Superhelden wohnen · **621.** Warum ist die Orange krumm? · **622.** MÖLLEMAN, die S
627. Schieß doch, SCHNAUZE · **628.** Nicht so laut, hier wird gebaut! · **629.** Der GNOM als Astronom · **630.** Panzerkreuzer MISCHNICK · **631.** Die Passion der KRÖTE · 6
Rezeptbüchlein des Dr. Kühlmann-Stumm · **638.** Weltmacht WAIGEL · **639.** Heuchelmonster PETERMAN · **640.** GENSCHGIRL ist jetzt CLUBmitglied · **641.** PROTHESE – Im Banne
646. Schweigegeld für Kühlmann-Stumm · **647.** Küchenbulle TANDLER · **648.** Die Nacht des reitenden Untersuchungsausschuß' · **649.** STOIBER stellt die Glotze aus · 65
unterschreiben! · **655.** Ungewöhnlich gut unterrichtet · **656.** Das GENSCHTABU · **657.** GENSCHMAN und die Kakaobutter-Verschwörung · **658.** GENSCHMAN kriegt die Motten · 65
macht Ferien · **664.** Der TANDLER hinter schwedischen Gardinen · **665.** SCHNAUZE hat sie nicht mehr alle · **666.** PETERMAN will Bischof werden · **667.** So liberal kommen
Leben der Liberalen · **673.** GNOM, du hast die Gans gestohlen · **674.** Safer Sex mit QUOTENWOMAN · **675.** Ab 5 Uhr wird zurückgelabert · **676.** Windelweicher Windeln ·
liest es in der Zeitung · **682.** GENSCHMAN glaubt die Lügen nicht · **683.** Ein Liberaler wird gejagt · **684.** KATHETERMAN erklärt den Krieg · **685.** Jehovas Zeugen sterbe
die Fruchtzwerge aus Gervais · **691.** Und immer wieder ist Fronleichnam · **692.** Ein WAIGEL hängt am Glockenseil · **693.** Rubbellos am Rubicon · **694.** Der Pesthauch der KRÖTE
schizoid · **701.** Die Blumen des WAIGEL · **702.** Wer fürchtet sich vor GENSCHMAN? · **703.** Invasion der Liberalen · **704.** Das Ding aus dem C.S.U. · **705.** Die Hauptstadt de
Versuchung GENSCHMANS · **711.** Zweimal Pommes mit Mayo · **712.** Auf der Suche nach dem UNSICHTBAREN · **713.** Toll trieben es die alten Liberalen · **714.** Im Namen der
GENSCHMAN wird alles anders · **720.** Durchzechte Nacht im Hexenkessel · **721.** Willige Liberale, bis aufs Blut gequält · **722.** Morgen, TANDLER, wird's was geben · **723.** Wen
STOIBER kaufen · **728.** Unter den Brücken von Bonn · **729.** Wer A sagt, muß auch har sagen · **730.** Die Schurken sind alle Verbrecher · **731.** Dem TANDLER geht die Puste aus
mit PILLERWOMAN · **738.** Ein christlich sozialer CLUB · **739.** Großwesir GENSCHMAN · **740.** Aus dem Kochbuch der KRÖTE · **741.** Das Ende der KRÖTE · **742.** GENSCHMAN ge
SEUFZ, SCHNARCH... · **748.** Beim Barte des Proleten · **749.** Schlag nach bei GENSCHMAN · **750.** Das Wetgel des WAIGEL · **751.** Kalif KATHETERMAN · **752.** Sprich du, Gen
sind · **757.** Die Qual der Geheimwahl · **758.** MÖLLEMAN – Unterwegs als Botschafter des blöden Geschmacks · **759.** Wenn Schurken sprechen könnten · **760.** GENSCHMAN – F